Andreas Knapp

Mit Engeln und Eseln

WEISE WEIHNACHTS-GESCHICHTEN

echter

Inhalt

*vor allem für Kinder und Jugendliche

Wie der heilige Nikolaus die Mitra erfunden hat

Meistens leuchteten Himmel und Meer von Myra in tiefblauen Farben. Dann bot die kleine Hafenstadt in der geschützten Bucht an der Küste Kleinasiens mit ihren weißen Häusern ein Bild des Friedens. Doch in diesem Jahr hatten die langen wolkenlosen Monate das Trinkwasser in dem malerischen Städtchen knapp werden lassen. Was aber noch schlimmer war: Die gesamte Getreideernte auf den umliegenden Feldern war aufgrund der großen Dürre völlig ausgefallen. Seit Wochen gab es kein Brot mehr und die Leute litten Hunger.

Der Bischof von Myra mit dem schönen Namen Nikolaus war sehr besorgt um die Menschen seiner Stadt. Er hatte mit den Bauern der Umgebung verhandelt und die letzten Reserven Getreide in die Stadt bringen lassen, damit vor allem die Kinder nicht vor Hunger sterben müssten. Doch nun waren auch diese Vorräte aufgebraucht.

An einem milden Abend ging Nikolaus durch die engen Gassen der Stadt. Er hörte, wie in den Häusern die Kinder weinten und die Mütter und Väter vor Kummer seufzten. Es brach dem Bischof schier das Herz und er beschloss seinen Rundgang in der kleinen Kirche von Myra, wo er Gott die Not der Stadt klagte.

Am nächsten Morgen hatte sich das gewohnte Blau des Himmels in ein trübes Grau verwandelt. Ein Sturm kam auf und bald setzte ein heftiger Regen ein. Endlich gab es wieder frisches Wasser, an Getreide jedoch fehlte es immer noch.

Nikolaus feierte in der Kirche von Myra einen Dankgottesdienst, da hörte er laute Stimmen durch die Gassen rufen: „Ein Schiff! Ein Schiff!" Schnell eilte Nikolaus in seinem langen weißen Gewand zum Hafen hinunter, den Hirtenstab in der Hand. Tatsächlich: Ein mächtiges Schiff näherte sich der Hafeneinfahrt. Das war ungewöhnlich, denn die großen Handelsschiffe steuerten die Bucht von Myra normalerweise nicht an. Der Kapitän dieses Schiffes aber suchte anscheinend einen sicheren Ankerplatz, weil draußen immer noch ein heftiger Seesturm tobte.

Nikolaus ließ sich zum Schiff rudern, das schwer mit Getreide beladen war und einem reichen Kaufmann aus Konstantinopel gehörte. Dieser schaute auf den Mann mit dem langen weißen Gewand und dem Stab in der Hand verächtlich herab. Nikolaus indessen sprach ihn ruhig an:

„Die Bewohner der Stadt Myra sind Christen und ich bin ihr Bischof, das ist so etwas wie ein Hirte. Ich bitte dich, uns Getreide zu verkaufen, da die Bewohner der Stadt schon seit Wochen Hunger leiden."

Der Kaufmann blieb ungerührt.

„Deine Religion interessiert mich nicht. Mich interessiert nur eines: Habt ihr Gold? Du weißt, dass in diesem Jahr aufgrund der schlechten Ernten Getreide sehr wertvoll ist. Ich habe bestes Korn aus Ägypten an Bord und werde dafür in Konstantinopel einen hohen Preis erzielen. Wie viel Gold kannst du mir bieten?“

Nikolaus runzelte die Stirn und antwortete:

„Man sollte die Not anderer nicht dazu benutzen, sich zu bereichern! Aber ich will sehen, was wir an Gold zusammentragen können.“

Als der Bischof eine Stunde später wieder auf dem Schiff erschien, konnte er nur eine kleine Schatulle mit wenigen Münzen und etwas Goldschmuck anbieten. Die Bewohner der Stadt hatten den größten Teil ihrer Wertsachen schon an die Bauern der Umgebung abgegeben, um dafür Getreide zu erhalten. Als der Händler das wenige Geld sah, lachte er laut auf.

„Der Preis für Weizen ist in diesem Jahr sehr hoch. Für diese kleine Menge an Gold kann ich dir nur drei, vier Säcke Getreide geben.“

Nikolaus schaute dem Kaufmann ins Gesicht. „Denk an die Kinder!“

Der Kaufmann aber brummte: „Und wer denkt an mich?“

Nach kurzem Schweigen machte er Nikolaus einen Vorschlag.

„Also gut. Ich nehme das bisschen Gold, das du mir anbietest. Dafür darfst du morgen den ganzen Tag über Getreide entladen. Siehst du die Luke hier? Wenn dein Boot unterhalb der Luke festgemacht wird, kannst du den Weizen aus der Luke heraus in das Boot schütten.“

Nikolaus atmete schon auf; der Kaufmann hatte allerdings noch nicht geendet.

„Doch nur unter einer Bedingung: Du musst mit leeren Händen in den Laderaum steigen – und dort unten gibt es kein Schöpfgefäß!"

Nikolaus verzog das Gesicht.

„Und womit soll ich das Getreide ins Boot schütten?"

„Du hast doch Hände – zum Beispiel." Der Kaufmann lächelte eisig. „Ich gebe dir einen ganzen Tag Zeit, vom Sonnenaufgang bis zum Untergang. Das ist mein letztes Angebot."

Die Augen des Bischofs blitzten kurz auf. Dann fragte er mit ruhiger Stimme:

„Darf ich in meiner Amtskleidung als Bischof kommen?"

Der Kaufmann wandte sich an den Steuermann seines Schiffes und fragte im Flüsterton:

„Weißt du, wie ein Bischof gekleidet ist?"

Der Steuermann nickte. „Das weiße Gewand und der Stab, das ist alles."

Der reiche Händler aus Konstantinopel wandte sich wieder an Bischof Nikolaus.

„Das Geschäft ist abgemacht. Ich behalte das Gold – und du kannst morgen von Sonnenaufgang an Getreide entladen."

Als Nikolaus wieder an Land war, ging er als Erstes zum Schmied und schaute sich in dessen Werkstatt um. Er griff nach den Eimern, die aus dünnem Kupferblech gehämmert waren.

„Kannst du mir daraus eine Kopfbedeckung machen?"

Der Schmied starrte den Bischof ungläubig an.

„Ich brauche einen Hut! Bitte bearbeite den Eimer so, dass er mir nicht mehr über den Kopf rutschen kann."

Mit ein paar gezielten Hammerschlägen hatte der Schmied für Nikolaus einen merkwürdigen Hut angefertigt, der ihm genau auf den Kopf passte und nach oben spitz zulief.

Nikolaus setzte den Hut auf und ließ sich von der Frau des Schmieds einen Bronzespiegel bringen. Als er sich mit dem sonderbaren Ungetüm auf dem Kopf erblickte, konnten er und auch der Schmied und seine Frau sich vor Lachen kaum halten.

„Was hast du vor, Nikolaus?", wollte der Schmied wissen.

„Ich brauche eine neue Amtskleidung als Bischof. Bisher gibt es nur das weiße Gewand und den Hirtenstab. Aber es braucht doch auch eine besondere Kopfbedeckung!"

„Ich werde diesen ulkigen Hut mit feinem Stoff umhüllen", schlug die Frau des Schmieds vor. „Dann siehst du darin vornehmer aus als mit einem Blecheimer auf dem Kopf."

Wieder mussten die drei herzhaft lachen. Noch am gleichen Abend machte sich die Frau des Schmieds an die Arbeit.

Am nächsten Morgen zog Nikolaus kurz vor Sonnenaufgang in seiner neuen Amtskleidung durch die Straßen. Die Leute lachten über die merkwürdige Form des Hutes, der nun mit goldgelbem Seidenstoff bezogen war, auf dem ein rotes Kreuz leuchtete. Nikolaus musste zunächst auch grinsen, dann aber schärfte er den Bewohnern von Myra ein, dass sie ihn mit ernster Miene zum Schiff begleiten sollten.

Der Kaufmann staunte nicht schlecht, als Nikolaus mit Gewand, Stab und Hut sein Schiff betrat. Er warf dem Steuermann einen fragenden Blick zu, doch der zuckte nur mit den Schultern. Der reiche Getreidehändler schaute etwas argwöhnisch auf die eigentümliche Kopfbedeckung des Bischofs. Doch bald war er wieder beruhigt, denn ein Hut aus dünnem Seidenstoff konnte sicher nicht als Schöpfgefäß benutzt werden.

Nikolaus drückte dem Kaufmann seinen Stab in die Hand und sagte: „Wie vereinbart steige ich mit leeren Händen in den Laderaum hinab!"

Der Bischof verschwand unter Deck, die Luke wurde geöffnet und ein Boot mit einem großen Bottich fuhr direkt unter die Luke. In diesem Augenblick fielen die ersten Sonnenstrahlen auf das Schiff und die Leute am Ufer riefen laut: „Nikolaus! Nikolaus!"

Wenig später schon rieselte eine große Menge Getreide aus der Luke in den Bottich. Und wieder eine. Der Kaufmann erbleichte. Das war viel, viel mehr, als man mit beiden Händen schöpfen konnte. Wenige

Minuten später war der Bottich gefüllt und das nächste Boot fuhr unter die Luke des Schiffes.

Hastig stieg der Kaufmann in den Laderaum hinunter. Nikolaus stand in der Nähe der Luke und schöpfte mit seinem Hut Getreide, dass es nur so staubte. Als er den Kaufmann erblickte, sagte er mit ruhiger Stimme: „Ich bin mit leeren Händen gekommen, wie vereinbart. Und du hattest mir zugestanden, dass ich meine Amtskleidung tragen darf."

Dem konnte der Kaufmann nichts entgegensetzen. Er knirschte mit den Zähnen und ging wieder an Deck.

Boot um Boot wurde gefüllt und um die Mittagszeit standen schon viele gefüllte Getreidesäcke im Hafen von Myra. Doch Bischof Nikolaus schien nicht zu ermüden. Ohne Unterbrechung schöpfte er mit seinem Eimer-Hut Getreide und schüttete es in die Bottiche der Boote. Als die Sonne unterging, war so viel Getreide an Land gebracht worden, dass die Bevölkerung der kleinen Stadt für viele Wochen mit Brot versorgt werden konnte.

Nikolaus stieg an Deck und ging auf den Kaufmann zu. Mit dem Hut auf dem Kopf und dem Hirtenstab in seiner Rechten hatte er trotz seines staubigen Gewandes ein würdevolles Aussehen. Der Kaufmann machte ein grimmiges Gesicht.

„Ich habe ein schlechtes Geschäft gemacht! Du hingegen hast dir heute eine große Geldsumme verdient!"

Nikolaus schaute den Kaufmann verständnislos an. Dieser fuhr fort:

„Was lässt du dir denn für ein Pfund Getreide bezahlen?"

„Ich lasse mir gar nichts bezahlen! Ich bin der Bischof dieser Menschen. Wenn ich ihnen helfe, dann ist das für mich so etwas wie ein Gottesdienst."

„Ein Gottesdienst? Was ist das für ein Gott, an den du glaubst?"

„Wir glauben an Jesus Christus. Er war ein Freund der Armen und der Sünder. Er hat den Hungernden zu essen gegeben, ohne dafür Geld zu nehmen. Er hat Menschen geheilt, ohne Bezahlung. Dadurch hat er uns gezeigt, dass Gott der Freund aller Menschen ist. Wir versuchen daher, uns als Freunde zu behandeln. Und von Freunden nimmt man doch kein Geld, wenn sie einem in der Not helfen."

Bischof Nikolaus schaute dem Kaufmann tief in die Augen.

„Hast du Freunde?"

Der Händler senkte seinen Blick.

„Ich habe Gold, Schiffe und große Häuser. Aber ob ich Freunde habe ..."

Nikolaus drückte dem Kaufmann zum Abschied lange die Hand.

„Wenn du wieder durch diese Gewässer segelst, besuche mich! Du bist mir willkommen – auch wenn du kein Getreide an Bord hast."

Als das Schiff aufs offene Meer hinaussegelte, schaute Nikolaus ihm noch lange nach. Dann ging er zum

Schmied, um sich für dessen Hilfe zu bedanken. In den Gassen der Stadt duftete es nach frischem Brot und aus den Häusern drangen fröhliche Kinderstimmen.

Nikolaus ließ sich vom Schmied gerne zum Essen einladen. Plötzlich waren vor der Haustür laute Rufe zu hören. Die Menschen von Myra hatten sich auf dem kleinen Platz draußen versammelt, um Nikolaus zu danken.

„Hoch lebe unser Bischof Nikolaus!" „Dank dir, Nikolaus!" „Du hilfst uns – mit Rat und Tat!", so riefen die Stimmen durcheinander.

Nikolaus stand auf, nahm seinen Stab und wollte hinausgehen. Die Frau des Schmieds eilte ihm hinterher, mit dem Eimer-Hut in der Hand.

„Den musst du jetzt immer aufsetzen!", betonte sie.

Nikolaus schüttelte den Kopf.

„Doch!", sagte jetzt auch der Schmied. „Aber wir brauchen noch einen Namen für diesen lustigen Hut."

Die Sprechchöre draußen wurden immer lauter.

„... mit Rat und Tat! Mit Rat und Tat! Mit Ra..."

„Das ist doch ein schöner Name", rief Nikolaus augenzwinkernd: „Mit-ra!", und trat lachend vor die Tür.

So hat also der gute Bischof Nikolaus von Myra vor vielen Jahrhunderten die Mitra erfunden. Und bis heute erinnern die hohen Hüte der Bischöfe daran, dass wahre Größe darin besteht, sich für das Leben der kleinen Leute einzusetzen und ihnen mit Rat und Tat zu helfen.

nikolaus

er hatte nie auf gold vertraut
machte vielmehr seinen besitz
flüssig zu anderen hin
aus leuchtenden kinderaugen
strahlt ihm ein heiligenschein
vaterfigur die das nichtfürchten lehrt
in seiner güte schmeckt man
die schokoladenseite des menschen

Wie ein Engel aussieht

Es war alles so schnell gegangen. Ganz überraschend jedoch war das Schreckliche nicht gekommen. Schon vor einigen Tagen kreisten Hubschrauber über dem abgelegenen Seitental des Großen Zab-Flusses. Die Kinder liefen auf die nahen Hügel, um die knatternden Monster zu sehen. Von dort oben konnte man bei klarem Himmel bis zum Cilo Dagi schauen, dem großen Berg, der schon jenseits der Grenze in der Türkei liegt. Nur von weitem, so erzählten die Kinder mit Begeisterung, hätten sie die donnernden Metallvögel gesehen. „Ob Engel so ähnlich aussehen?", wollte ein Hirtenmädchen wissen. Doch die Erwachsenen schüttelten den Kopf. Die metallenen Ungeheuer waren für sie eher Teufel als Engel. Wie Engel aber aussehen, könnten sich die Menschen nicht vorstellen. Und Bilder von Engeln gebe es keine. Der Koran verbietet alle Bilder von Gott und seinen Engeln.

Ein paar Tage lang blieb es ruhig und alle hofften, dass die Unruhen ihr Dorf verschonen würden. Doch wenn das Ungetüm des Krieges einmal entfesselt ist, so kann es niemand mehr bändigen und es verschlingt alles. Mitten in der Nacht wurden sie aus dem Schlaf gerissen. Zuerst waren Schüsse zu hören. Dann Einschläge von Granaten. Einige Männer wussten sofort:

„Panzer!“ Schon kurze Zeit später waren die rasselnden Geräusche der Ketten zu hören, die mit unheimlicher Geschwindigkeit talaufwärts näher kamen. Es gab kein elektrisches Licht in Kündö. Im Schein von Petroleumlampen packte man schnell das Kostbarste ein, um damit auf die umliegenden Hügel und von dort in die felsigen Bergtäler zu fliehen.

Naze war mit ihrem zweijährigen Mädchen auf den Armen losgelaufen, während ihr Mann Risgar noch ein paar Sachen zusammensuchte. Überall hörte man die Schreie der Dorfbewohner, die im Dunkeln wild durcheinanderliefen, um sich vor dem nahenden Unheil zu retten. „Naze!“, schrie Risgar, der aus der Hütte herausstolperte. „Hierher!“, hörte er die Stimme seiner Frau und lief auch schon los. Doch dann ein Blitz, ein lautes Krachen und die Druckwelle, die ihn zu Boden riss. Einen Augenblick lang lag Risgar wie tot. Sekunden später raffte er sich wieder auf und lief dorthin, wo Naze ihn gerufen hatte. Sie lag am Boden, die weinende Azade im Arm. Aber sie rührte sich nicht mehr. Als Risgar sie betastete, war ihr Kopf voller Blut. Sie war anscheinend von einem Granatsplitter getroffen worden. Risgar stand wie gelähmt vor Schmerz. Obwohl das Gedröhne der Panzer schon bedrohlich nahe gekommen war, rührte er sich nicht. Dann riss ihn das Schreien von Azade aus seiner Ohnmacht. Instinktiv griff er nach dem Kind, hob es auf die Schultern und lief in die Nacht hinaus. Er kannte die Hügel und die felsigen Täler auf der anderen Seite des Flusses. Er lief, ohne anzuhalten, weiter und weiter. Nach Stunden kam er an den Fuß eines steilen Gebirges. Hier war er noch nie gewesen. Es dämmerte am Horizont, als er mit dem beschwerlichen Aufstieg begann.

Als Risgar in der darauffolgenden Nacht einen Bergkamm und damit die Grenze des Irak überschritten hatte, wanderte er noch lange, bis er endlich zu einem Dorf kam. Ängstlich schlich er sich näher, das erschöpfte Kind in seinen Armen. Als er die Leute in kurdischer Sprache reden hörte, weinte er vor Freude und Erschöpfung. Man nahm ihn auf und kümmerte sich um Azade. Hier war man an Flüchtlinge gewöhnt. Die wenigen Habseligkeiten, die Risgar gerettet hatte, musste er als Preis für die weitere Fahrt abgeben. Er wusste nicht, wohin es gehen sollte. Doch man hatte ihm gesagt, es sei ein Land, wo er in Sicherheit wäre.

Das Asylbewerberheim liegt im Leipziger Westen, an der Ratzelstraße. Mit Hilfe eines Dolmetschers wurde Risgar über seine Rechte und Pflichten als Asylbewerber aufgeklärt und dass er die Stadt Leipzig nicht verlassen dürfe, bis sein Asylantrag angenommen sei. Sein Fall würde jetzt von den deutschen Behörden bearbeitet. Nach allem, was er erzählt habe, stünden seine Chancen nicht schlecht. Allerdings müssten seine Aussagen jetzt erst einmal auf ihren Wahrheitsgehalt geprüft werden. Und das könne dauern.

Risgar erlebte die Einquartierung und die zahlreichen Vernehmungen mit all den Papieren, die auszufüllen waren, wie einen bösen Traum. Er war innerlich noch gar nicht in seinem Gastland angekommen. Der schreckliche Überfall auf sein Dorf, der entsetzliche Tod seiner Frau, die abenteuerliche Flucht, die beständige Sorge um die kleine Azade, die oft weinte und nach ihrer Mutter rief, all das wühlte ihn so auf, dass das Neue noch gar keinen Raum fand. Doch er musste sich nun zwingen, das Vergangene loszulassen. Denn ihm ganz allein war jetzt das Leben von Azade anvertraut. Er spielte mit seinem Töchterchen, ging mit ihr spazieren und erzählte Geschichten aus Kündö und den Tälern des Großen Zab. Vielleicht redete er dabei auch viel mit sich selbst, vor allem, wenn er von Naze sprach. Er hatte seine Frau sehr geliebt. Und wenn er seine Tochter ins Bett legte, saß er oft noch lange neben dem Kind und schaute das unschuldige Gesicht an. Es war das Gesicht von Naze. Erinnerungen wurden wach und seine Augen feucht.

So vieles war ungewohnt an seiner neuen Umgebung. Als Erstes fiel Risgar auf, dass es hier schon früh dunkel wurde. So kurze Tage hatte er noch nie erlebt und er fürchtete sich vor der langen Dunkelheit. Dann bemerkte er, dass es in Deutschland fast keine Kinder gab. Bei ihm zuhause waren die Straßen immer voller Kinder. Aber hier sah man nur alte Leute. Eine Ausnahme gab es: die Familien im Asylbewerberheim. Sie kamen aus den verschiedensten Ländern und hatten Schweres erlebt. Doch alle hatten die Hoffnung auf eine bessere Zukunft und daher wohl auch Kinder.

Beim Einkaufen nahm Risgar immer seine Tochter Azade mit. Er hätte sie auch bei einer Nachbarin aus dem Sudan lassen können, die hilfsbereit und freundlich war und selbst drei kleine Kinder hatte. Aber Azade hing sehr an ihrem Vater und klammerte sich ständig an ihn. So gingen die beiden bis zu einem großen Gebäude in der Stuttgarter Allee, das mit seiner Kuppel an eine Moschee erinnerte. Aber es war keine Moschee. Es war ein Tempel zum Einkaufen, ein riesiger Basar. Als Risgar das Einkauf-Center zum ersten Mal betrat, stand er wie betäubt in der großen Halle und starrte auf all die verschiedenen Geschäfte und Läden. Er hatte einmal den Basar von Mosul besucht. Doch was er hier sah, übertraf alle seine Träume. So viele Kleider, Schuhe, Bücher und Geräte, von denen er noch gar nicht wusste, wozu sie dienten.

Er ging nach links und rechts und zeigte Azade all die bunten Sachen, die hier ausgestellt waren. Dann entdeckten die beiden einen ganz besonderen Laden. Schon im Schaufenster leuchteten und glitzerten viele Dinge. Azade strahlte über das ganze Gesicht, als ihr Vater mit ihr zusammen das Geschäft betrat. Da gab es grüne Nadelbäume aus Plastik, über und über behängt mit schillernden Kugeln und glitzernden Fäden. Auf einem niedrigen Tisch standen bunte Kerzen und große Stofftiere, die wie Hirsche aussahen. Plötzlich riss sich Azade von ihrem Vater los und lief auf ein Regal zu, in dem bunt angemalte Holzfiguren standen. Azade griff nach einer kleinen hölzernen Frauenfigur, die Flügel hatte und in ihren Händen eine dünne rote Kerze trug, und drückte sie fest an sich. Risgar wollte seiner Tochter das Spielzeug schon wieder wegnehmen. Doch als er die leuchtenden Augen von Azade sah, brachte er es nicht übers Herz. Risgar freute sich an der Freude seiner Tochter, die in den letzten Wochen viel geweint hatte, und so bezahlte er die hölzerne Figur mit der dünnen Kerze.

Am anderen Tag kam die Sozialarbeiterin, Frau Krusche, zu Besuch. Als sie die kleine Holzfigur sah, lächelte sie und erklärte Risgar in gebrochenem Kurdisch: „Das ist ein Feriste, ein Engel." – „Ein Engel?", staunte Risgar ungläubig. Noch nie hatte er einen Engel gesehen. Und er dachte: Wenn Engel so aussehen, dann war auch Naze ein Engel gewesen. Sie hatte zwar keine Flügel. Aber oft hatte sie in der dunklen Hütte die Petroleumlampe angezündet und dann hatte ihr Gesicht immer so warm und hell geleuchtet. Bei diesen Gedanken musste Risgar weinen und Frau Krusche wurde für einen Augenblick unsicher, ob sie vielleicht etwas Falsches gesagt hatte. Doch Risgar weinte und lächelte zugleich. Da ahnte sie, dass er sich an jemanden erinnerte und dass noch ein großer Schmerz über das Verlorene in ihm wohnte. Frau Krusche blieb noch eine Weile schweigend sitzen und Risgar war ihr dafür dankbar.

Am nächsten Tag hatte Risgar seine Tochter nun doch bei der Nachbarin gelassen, um ins Stadtzentrum zu fahren. Am Hauptbahnhof stand er an einer Ampel und wusste zum Glück schon, wie eine solche funktioniert. Auf einmal trat eine rote Gestalt neben ihn, ein alter gebückter Mann mit einem riesigen weißen Bart und einer Mütze, unter der das ebenfalls schon silbergraue Haar in langen Locken hervorquoll. Auf dem gebeugten Rücken trug diese Gestalt einen großen Sack. Risgar war einen Augenblick lang verwirrt und unsicher. Dann wollte er ganz spontan dem Alten dabei helfen, den schweren Sack über die Straße zu tragen. Doch der Alte zog den Bart etwas beiseite und ein junges, lachendes Gesicht kam zum Vorschein. Jetzt war Risgar völlig durcheinander. „Ein Betrüger, der sich als alter Mann verkleidet!", fuhr es ihm durch den Kopf. Er folgte der roten Gestalt in sicherer Entfernung, um zu beobachten, was dieser Mann wohl im Schilde führte. Als der Alte schließlich in ein Kaufhaus trat, eilte Risgar hinterher. Er sah, wie der rote Mann auf einer fahrenden Treppe nach oben entschwand. Flugs war auch Risgar auf dieser ungewohnten Treppe, doch da sah er mit Entsetzen, dass der Alte auf der anderen Seite schon wieder herunterkam. Jetzt verstand Risgar die Welt nicht mehr. Eben erst war der rote Mann dort oben um die Ecke herum verschwunden, und jetzt war er schon wieder nach unten gefahren. Das konnte nicht mit rechten Dingen zugehen! Als Risgar oben ankam, sah er den Alten dort oben stehen. Jetzt fiel es ihm wie Schuppen von den Augen: Das waren zwei rote Männer gewesen! Es handelt sich also um eine Bande. Aber was führen diese Betrüger im Schilde? Risgar konnte sich keinen Reim darauf machen. Da sich die roten Männer jedoch im Kaufhaus so ungeniert bewegten, war ihm klar, dass sie mit dem Chef des Einkauf-Centers unter einer Decke stecken mussten. Vielleicht handelte es sich um eine Art von Wächtern oder die roten Männer sollten einfach nur die Leute ins Kaufhaus locken. Das gelang ihnen anscheinend ziemlich gut, denn die Kaufhalle war brechend voll und alle Leute hasteten mit schweren Taschen beladen hin und her.

Als Risgar am Nachmittag ins Asylbewerberheim zurückkam, empfing ihn seine Nachbarin schon an der Haustür. Die beiden konnten sich zwar sprachlich kaum verständigen, aber Risgar sah am Gesicht der Sudanesin, dass etwas vorgefallen war. Schnell eilte er mit ihr zu Azade, die mit hochrotem Kopf in ihrem Bettchen lag. Risgar tastete nach der Stirn seiner Tochter und stellte fest, dass das Kind hohes Fieber hatte. Er rief sofort Frau Krusche an und die Nachbarin, die schon sehr gut deutsch konnte, erklärte der Sozialarbeiterin am Telefon, was vorgefallen war. Bald kam ein Kinderarzt und stellte fest, dass Azade wohl eine Grippe hatte, zum Glück jedoch nichts Gefährliches. Das Kind müsse jetzt im Bett bleiben, viel trinken und vor allem ein bestimmtes Medikament bekommen. Er schrieb den Namen der Arznei auf einen Zettel und war schon wieder verschwunden.

Risgar war ganz in Sorge. Die Nachbarin erklärte ihm, er müsse jetzt mit dem Zettel in eine Apotheke gehen, um das Medikament zu holen. Sie würde in der

Zwischenzeit gerne auf Azade aufpassen. Schnell machte sich Risgar auf den Weg zur Apotheke in der Ratzelstraße. Doch diese war bereits geschlossen. Überhaupt fiel ihm jetzt auf, dass alle Geschäfte schon geschlossen waren. Dabei war gar kein Wochenende. Risgar fühlte sich auf einmal so schrecklich fremd in diesem Land, dessen Bräuche er nicht kannte und wo alles neu und ungewohnt war. Er kam sich ganz hilflos vor in dieser Nacht, in der zwar überall bunte Lichterketten leuchteten, die zugleich aber so kalt und unfreundlich war. Er brauchte jetzt das Medikament für seine Tochter und wusste nicht, wo er es finden sollte.

Da fiel ihm auf, dass irgendwo doch noch Licht brannte. Es war kein Geschäft, sondern ein merkwürdiger Laden, in dem die Männer immer an hohen, runden Tischen Bier tranken. Das Gebot Allahs verbot den Alkohol und daher hatte Risgar diesen Laden noch nie betreten. Jetzt aber öffnete er zaghaft die Tür und trat ein. Die wenigen Männer, die an einem der Tische standen, drehten sich um. „Ein Kümmeltürke!", rief einer verächtlich. Risgar verstand den Ausdruck nicht, doch der Tonfall sagte ihm, dass er hier nicht willkommen war. Er wollte sich schon wieder umdrehen, als ein anderer Mann ihn ansprach: „Willst du ein Bier mit uns trinken?" Risgar schüttelte den Kopf und streckte dem Fremden den Zettel hin. Dieser überflog das Rezept. „Die Apotheke hat schon geschlossen." Dann wandte er sich an die Bedienung: „Gib mir mal die Zeitung! Wegen der Bereitschaftsdienste."

Nach kurzer Suche hatte er herausgefunden, welche Apotheke am 24. Dezember abends geöffnet war. Der Fremde zahlte sein Bier und ging Risgar voraus, der ihm mit unsicheren Schritten folgte. Sie bestiegen die Straßenbahn und eine Stunde später standen die beiden vor dem Asylbewerberheim. Risgar hatte das Medikament in die Tasche gesteckt. Einen Augenblick lang zögerte der Fremde, dann ging er mit hinein und brummte: „Wer weiß, ob hier jemand den Beipackzettel verstehen kann!"

Nachdem der Fremde die Anweisungen gelesen hatte, gab er Azade zwei kleine Löffel von dem merkwürdigen Saft aus der braunen Flasche, die sie in der Apotheke geholt hatten. Dann löschte Risgar das Licht. Der Fremde wollte gehen, aber Risgar lud ihn ein, mit in die kleine Küche zu kommen. Dort holte er ein Stück Brot und Käse aus dem Schrank und setzte Wasser für einen Tee auf. Die beiden konnten sich nicht unterhalten. Und doch spürten sie beim gemeinsamen Essen, dass sie in dieser Nacht etwas verband. Ein Kind hatte sie zusammengeführt und irgendwie waren sie einander nicht mehr fremd. Risgar blickte dankbar in die Augen des Fremden. Doch dieser zuckte nur mit den Schultern und lächelte. Auch Risgar lächelte. Dann wollten sie noch einmal nach Azade sehen. „Vielleicht schläft sie schon", sagte der Fremde und deutete auf den Holzengel mit der Kerze. Risgar verstand sofort. Sie würden kein Licht machen, sondern nur mit der Kerze in das Zimmer von Azade eintreten. Leise schlichen die zwei bis ans Bett des Mädchens. Azade schlief. Im warmen Kerzenschein sahen die beiden, dass Azade ruhig und tief atmete. Die beiden Männer sahen lange in das Gesicht des schlafenden Kindes und Risgar spürte, wie sich seine Sorgen lösten. Dann schaute er in das Gesicht des Fremden, der die Holzfigur mit der brennenden Kerze in der Hand hielt, und dachte: „Jetzt weiß ich, wie ein Engel aussieht."

adventskalender

tag für tag
schließt sich leise
ein türchen deines lebens

und deine möglichkeiten
fallen unwiderruflich
ins schloss

die verriegelte tür
in der mitte aber
du selbst

öffnest du dich
vielleicht schaut dich dann
überraschend ein kind an

Unter kalten Sternen

Der Schnee war hart gefroren und knirschte unter jedem Tritt. Dr. Lars Weismann drückte die Hände noch tiefer in die Manteltaschen und beschleunigte seine Schritte. Es waren nur wenige Meter auf dem kleinen Fußpfad von seiner Villa zur Schillerstraße hinüber. Dort lag auf einem etwas erhöhten Damm die S-Bahn-Haltestelle. Weismann ging hastig auf und ab, bis ein Surren der Oberleitung endlich das Nahen des Zuges ankündigte.

Es war ein Tag vor Weihnachten. Das Physikinstitut der Leipziger Universität war seit gestern geschlossen. Weismann war froh, dass er endlich ein paar Tage Ferien hatte. Warum spielten in den Tagen vor Weihnachten immer alle verrückt? Warum so viel Stress und Hektik? Und dann noch die unsäglichen Weihnachtsfeiern, an denen er teilnehmen musste. Glühwein und Pfefferkuchen hingen ihm zum Hals und die sentimentale Musik zu den Ohren heraus. Er würde jetzt noch seine Tochter besuchen, ihr das obligatorische Weihnachtsgeschenk bringen und das seinige in Empfang nehmen. Und dann war Weihnachten für ihn vorbei.

Weismann stieg an der Haltestelle „Sternwarte“ aus. Mit kräftigen Schritten stapfte er durch den Schnee hinüber zur Alten Salzstraße, wo seine Tochter mit ihrem Lebensgefährten wohnte. Die Beziehung zu den beiden war kühl und er sah sie selten. Der Besuch war kurz und korrekt, ein Glas Wein im Wohnzimmer, ein floskelhaftes Gespräch, wie es so gehe. Und dann der Tausch verpackter Geschenke. Meist habe ich einen schlechten Tausch gemacht, dachte Weismann bei sich und lächelte süßsauer. Als er die Wohnung seiner Tochter verließ, atmete er auf. Das wäre geschafft.

Draußen war es bitterkalt, doch diese Kälte war angenehmer als die gekünstelte Wärme drinnen. Weismann lief an einem großen Häuserblock entlang. Alle Fenster waren mit bunten Lichtern geschmückt, glitzernde Sterne oder Tannenbäume aus Dioden, blinkende Weihnachtsmänner und Rentiere. Weismann schüttelte den Kopf. Diese Stimmungsmache hatte er noch nie leiden können. „Alle reden vom Energiesparen", brummte er grimmig. „Wenn dieser Budenzauber verboten würde, könnte man zwei Atomkraftwerke abschalten."

Er war froh, dass der Rückweg zu seiner Villa kaum beleuchtet war. Über ihm standen die klaren Sterne des Winterhimmels. Er blieb stehen und schaute nach oben. „Das sind die wahren Sterne", sagte er halblaut. „Materie und Physik, das ist Wirklichkeit. Was da oben abläuft, ist berechenbar. Ein Zusammenhang von Masse und Gravitation."

Weismann kannte die Sternbilder. Er schaute zum Orion und wusste, dass Rigel 900 Lichtjahre entfernt und an der Oberfläche 12000 Grad Celsius heiß ist. „Die Sterne haben keine Botschaft für uns. All die Spinner, die an Horoskope glauben und meinen, dass unser Schicksal gelenkt wird! Wir haben keine Heimat. Und da oben, da wartet niemand auf uns." Jetzt fiel ihm noch eine andere Geschichte mit einem Stern ein und er lächelte mild. Es war eine der vielen Weihnachtsgeschichten, die man den Kindern erzählte. Im Orient soll ein Stern drei Könige durch die Wüste geführt haben. Und am Ende sei der Stern über einer Hütte stehen geblieben, in der ein neugeborenes Kind lag.

Weismann mochte diese rührseligen Geschichten nicht. Wie in den vergangenen Jahren verbrachte er Weihnachten allein. Seit er sich von seiner Frau getrennt hatte, war ihm das Fest der Familie sogar zuwider. Für den Weihnachtsabend hatte er sich schon zwei DVDs besorgt. Gruselfilme. Ein bisschen Horror und Nervenkitzel. Diesen grausigen Weihnachtszauber kann man nur mit Gruselfilmen bekämpfen.

Mit Behagen dachte er dagegen an die sogenannten Tage zwischen den Jahren. Jedes Jahr lachte er über diese Zeitangabe: als ob es zwischen dem alten und dem neuen Jahr noch Zeiträume gäbe! In diesen Tagen vor Silvester genoss er es, lange zu schlafen, Romane zu lesen, seine Post zu sortieren und es sich daheim richtig gemütlich zu machen.

Dieses Jahr aber spürte er dann doch die Einsamkeit. Wie die Kälte unter den Mantel, so kroch sie ihm unter die Haut. Er verscheuchte sie, trank abends ein

Glas Wein mehr als gewohnt. Am nächsten Morgen war das Unbehagen jedoch wieder da. Er sehnte sich nach Wärme, nach einem Blick, einem Wort, einem Lachen. War er seit der Trennung von seiner Frau ein Eigenbrötler geworden, ein seltsamer Kauz, ein Einzelgänger? Manchmal befürchtete er es. Es gab allerdings auch Anzeichen, dass er wieder nach einer Beziehung suchte. Tina, eine Sekretärin im Institut, hatte schon öfter versucht, mit ihm zu flirten. Sie war Mitte dreißig und er fast fünfzig. Aber was tat das zur Sache? Er sah gut aus, war erfolgreich und konnte ihr etwas bieten. Bisher hatte er es genossen, von ihr umschwärmt zu werden. Doch mehr als ein Augenzwinkern hatte er ihr bisher nicht geben wollen. Warum eigentlich?

„Du bist ein Idiot", sagte er zu sich selbst. „Jetzt hockst du hier allein herum und langweilst dich zu Tode."

Am morgigen Silvestertag wollte er sie besuchen. Wenn sie noch keine Verabredung hatte, könnte er sie in ein vornehmes Restaurant einladen.

Am späten Silvesternachmittag verließ er das Haus. Unter seinem Mantel trug er Anzug und Krawatte. Die niedrig stehende Sonne war kraftlos und die Luft klirrend kalt. Sein Atem dampfte vor seinem Gesicht, als er durch den festgetretenen Schnee zur S-Bahn hinüberstapfte. An einer spiegelglatten Stelle rutschte Weismann aus und konnte sich gerade noch fangen. Überall zischten und knallten schon die Kracher und die ersten Raketen stiegen in die Luft. Beim Blumenladen in der

Mozartstraße, der noch offen hatte, kaufte Weismann rote Rosen.

„Wenn schon, denn schon“, brummte er mit entschlossener Miene.

Schließlich stand er an der Haustür einer mehrgeschossigen Jugendstil-Villa. Er klingelte und rief dann seinen Namen in die Sprechanlage. Die Tür öffnete sich und er stieg die knarrenden Holztreppen hinauf bis zur zweiten Etage. Dort stand Tina in der offenen Tür, freudig überrascht, irgendwie aber auch unsicher und fragend.

„Ich wollte dich einladen ...“, begann Weismann.

Tina unterbrach ihn.

„Komm erst mal rein! Das Treppenhaus ist ausgekühlt.“

Als Weismann in den Flur trat, sah er durch die offene Wohnzimmertür, dass da ein Mann mit dem Rücken zu ihm in einem Sessel saß. Nach der Gel-Frisur zu schließen war es ein jüngerer Mann.

Tina faltete das Papier auseinander, in das die Blumen eingewickelt waren.

„Rote Rosen“, flüsterte sie und wurde bleich. „Du bringst mir rote Rosen ...“

Weismann schaute sie an, bevor sein Blick wieder auf den Hinterkopf des Mannes im Wohnzimmer huschte.

„Darauf hatte ich lange gewartet. Aber jetzt ...“ Tina schüttelte den Kopf. „Es darf nicht wahr sein!“

Weismann trat von einem Bein auf das andere.

„Was darf nicht wahr sein?"

„Seit ein paar Monaten bin ich mit Dirk zusammen", flüsterte sie und deutete mit einer Kopfbewegung Richtung Wohnzimmer.

Weismann wurde es heiß und kalt. In seinem Gehirn purzelten Bruchstücke von Gedanken durcheinander wie Scherben einer zerbrochenen Vase, die nicht mehr zusammenpassen.

„Ist das endgültig?", brachte er endlich hervor.

Tina senkte den Kopf. „Ich bin schwanger."

Der Physiker nickte. „Verstehe ..."

Wieso schon schwanger, dachte er bei sich. So etwas ist doch kalkulierbar.

Er drehte sich um und ging zur Tür. Dort wandte er noch einmal den Kopf und sah ihren Blick: hilflos, verwirrt, wie entschuldigend. Leise schloss sich die Tür. Im Treppenhaus fröstelte ihn und der Gedanke, dass er heute Abend Silvester alleine feiern würde, ließ ihn noch mehr erschauern.

Er ging durch den verharschten Schnee Richtung Straßenbahn. Es war schon dunkel geworden. Auf der Haut seines Gesichtes spürte er die beißende Kälte wie kleine Nadelstiche. Am Hauptbahnhof musste er noch eine Weile auf die S-Bahn warten. Selbst hier wurden Kracher gezündet und die Luft stank nach Schwefel. Endlich wurde der Zug angekündigt. Weismann setzte sich auf einen Fensterplatz und starrte hinaus. Raketen stiegen schon in den dunklen Nachthimmel und versprühten ihre Glut, doch er saß wie versteinert. Warum hatte er auf Tinas Signale nicht rechtzeitig reagiert? Er hatte sich verrechnet.

Als er ausstieg, war er immer noch ganz benommen. Von der Haltestelle führte ein schwach beleuchteter Fußweg oben auf dem Damm entlang zu einer Treppe. Über diese erreichte man die Schillerstraße und dann den kleinen Pfad zur Villa. Weismann ging schnell, zu schnell, so dass er wieder ausrutschte. Doch dieses Mal konnte er sich nicht mehr fangen, sondern stürzte, rollte die Böschung hinab und blieb neben einer Hecke liegen.

Weismann stöhnte kurz auf. Dann war es still. Er lag auf dem Rücken und schaute in den klaren Nachthimmel. Die Sternbilder waren so deutlich zu sehen wie selten. Über ihm drohte das einsame Weltall mit seiner eisigen Kälte. Und er war vergessen, verlassen, verloren. Er spürte Schmerzen am Schienbein und in den Rippen. Wahrscheinlich hatte er sich ein paar Knochen gebrochen.

„Verdammt noch mal“, fluchte er und schloss die Augen. Er war müde, des Lebens müde. Warum noch einmal aufstehen? Warum jetzt nicht einfach erfrieren? Das wäre ein sauberer Schlussstrich unter die kühle Rechnung seines Lebens.

Wie lange mochte er schon in der Kälte gelegen haben? Er dachte an nichts mehr, war schon weggetreten. Doch dann hörte er Schritte, wie aus großer Ferne. Oben auf dem Damm kamen Leute. Weismann wollte in den kalten Räumen bleiben, in die er bereits hinübergedämmert war, aber die helle Stimme eines Kindes holte ihn zurück. Direkt oberhalb von ihm war ein Kind stehengeblieben und redete anscheinend mit seiner Mutter.

„Schau mal, wie viele Sterne da oben sind!"

Eine warme, sanfte Frauenstimme antwortete: „So klar ist es selten! Man kann die Sterne nicht mehr zählen!"

„Mama, ist das schön!", staunte das Kind. In seiner Stimme lag Bewunderung, ja Entzücken.

„Eine zauberhafte Nacht", antwortete auch die Mutter fasziniert.

Dann war es lange Zeit still. Die beiden schienen einfach nur die Sterne anzuschauen und sich über sie zu freuen.

„Ach, wie schön!", hörte man die Frau schließlich seufzen.

Und dann das Kind: „Mama, das ist alles wunderbar!"

Nun waren wieder Schritte zu hören. Die beiden entfernten sich. Weismann hatte die Augen wieder geöffnet. Auch er schaute in den Sternenhimmel. Eine alte Erinnerung wurde in ihm wach. Eine lange verschüttete Kindheitserinnerung. Auch er hatte als kleiner Junge unter dem Sternenhimmel gestanden und gestaunt. In diesem Augenblick wurde das Kind in ihm wieder lebendig. Als Physiker wusste er von den fernen Sonnen, deren Licht viele Jahre unterwegs ist, bis es die Erde erreicht. Doch jetzt sah er ihre Schönheit.

Die Schönheit des Lichtes. Er fühlte, wie er auf dem Planeten Erde lag und durch den Kosmos reiste. Es war ein wunderbares Gefühl: getragen von der Erde, geborgen im Universum. Die tausend Lichter über ihm faszinierten und beglückten ihn: die Sternbilder, die Planeten, das Aufblitzen einer Sternschnuppe. All das war einfach herrlich. Und erhaben. Noch nie hatte er so tief empfunden: „Es gibt eine unendliche Harmonie, ein Ganzes, in dem auch ich meinen Platz habe. Ich bin zwar nur ein winziges Teilchen auf einem kleinen Planeten, aber doch nicht vergessen. Ich gehöre in einen großen Zusammenhang, voll Schönheit und Sinn." Weismann sah sein Leben in einem ganz neuen Licht. Die Sterne haben doch eine Botschaft. Es wartet noch jemand auf ihn – und er hatte es bisher versäumt, eine Antwort zu geben. Können Sterne vielleicht doch zu einem Kind führen? Jedenfalls war es ein Kind, das ihm die Augen für die Schönheit der Sterne geöffnet hatte! Weismann wollte wieder leben, tanzen, küssen, glücklich sein.

In diesem Augenblick spürte er einen fürchterlichen Schmerz. Das waren nicht nur die gebrochenen Rippen, sondern auch Erfrierungen, die ihn jetzt schrecklich schmerzten. Er wollte um Hilfe rufen. Ob das Kind und seine Mutter ihn noch hören würden? Weismann brachte keinen Laut mehr heraus. Ihm fehlte schon der Atem. Mit äußerster Anstrengung versuchte er noch ein Röcheln, ein leises Husten. Dann schwanden ihm die Sinne.

„Mama, da war etwas!“

„Ich habe nichts gehört.“

„Doch, dort hinten! Da hat jemand gehustet, aber ganz komisch.“

„Komm! Wir schauen nach.“

höhlengleichnis

seit den höhlen der steinzeit
tasten die menschen
nach einem ausgang
ins licht

in einer grotte erblickt
ein kind das dunkel der welt
leuchtet aus sich selbst heraus
und keine schatten mehr

Die Geschichte vom Grübchen

Erzähl noch einmal die Geschichte vom Grübchen!" Benedikt bettelte. Und Oma holte tief Luft und begann, in ihrem oberschlesischen Dialekt zu erzählen.

„Alle Menschen haben einen Namen. Denn immer, wenn ein Kind geboren wird, überlegen sich die Eltern, mit welchem Namen sie ihr Kind rufen wollen. Wenn sie einen Namen auswählen, dann sagen sie damit: Wir haben dich lieb. Du gehörst zu uns. Du bist kein Niemand, sondern du bist unser Kind. Immer wenn ein Mensch geboren wird, freut sich auch der ganze Himmel. Und alle Engel warten gespannt, welchen Namen die Eltern ihrem Kind geben werden. Der liebe Gott aber ruft einen Engel zu sich und flüstert ihm einen Namen ins Ohr, den er sich für dieses neugeborene Kind ausgedacht hat. Denn auch Gott will dem Kind sagen: Du bist einmalig. Du bist mein geliebtes Kind – für immer. Dann fliegt der Engel zu dem Kind, beugt sich zu ihm hinab und sagt: Ich werde dir jetzt den Namen ins Ohr flüstern, den Gott dir schenkt. Dieser Name soll ein Geheimnis zwischen dir und Gott bleiben. Ganz leise, so dass es nicht einmal die anderen Engel hören können, flüstert er dem Neugeborenen diesen Namen ins Ohr und legt ihm dann den rechten Zeigefinger über den Mund. Dabei spricht er: Behalte diesen Namen in deinem Herzen und versuche nie, ihn laut auszusprechen. Er ist dein Geheimnis! Dort jedoch, wo der Engel den Finger über den Mund gelegt hat, bleibt unterhalb der Nase ein Grübchen, das daran erinnert, dass jeder Mensch ein unaussprechliches Geheimnis ist."

Bei diesen Worten legte Oma Benedikt den Finger über den Mund und Benedikt lächelte.

Jetzt kamen die Eltern des kleinen Jungen und riefen zur Bescherung. Als Benedikt in der Weihnachtskrippe neben dem Jesuskind eine Engelsfigur entdeckte, schaute er seine Oma fragend an.

„Ja", sagte Oma, „das ist der Engel, der dem kleinen Jesus das Geheimnis ins Ohr geflüstert hat."

Benedikts Eltern schauten sich kurz an und zuckten verständnislos mit den Schultern. Aber Benedikt hatte verstanden.

„Benedikt Scholz!"

Die Stimme des Schuldirektors klang hart und bedrohlich. Benedikt wurde innerlich ein paar Zentimeter kleiner und senkte den Blick. Es war ein fürchterliches Gefühl, ganz allein vor dem Direktor stehen zu müssen und im Rücken 300 Mitschüler zu wissen, die sich zur Gedenkfeier in der Aula aufgestellt hatten. Warum hatte der Direktor ihn vortreten lassen? Doch nur um ihn vorzuführen!

„Der Aufzug, in dem du heute, am 13. Dezember, hier erschienen bist, ist eine Schande für unsere ganze Oberschule. Wenn du schon den Pionieren nicht beigetreten bist, hättest du dich heute wenigstens ordentlich anziehen können. Du weißt doch wenigstens, wen wir heute ehren?"

Benedikt starrte noch tiefer in den Boden hinein und schwieg.

„Dann will ich es dir sagen!"

Die Stimme des Direktors war lauter und eiserner geworden. Benedikt lief knallrot an.

„Ernst Thälmann war ein kommunistischer Arbeiterführer, der von den Faschisten hingerichtet worden ist. Zu seiner Ehre sind deine Schulkameraden in der Kleidung der Thälmann-Pioniere angetreten. Nur du weigerst dich, diesem Opfer des Faschismus die gebührende Ehre zu erweisen!"

Ohne sich zu bewegen, ließ Benedikt seine Augen zuerst über seine Schuhe wandern, dann über seine graubraune Hose und seinen grünen Pullover. Als einziger Schüler der ganzen Schule war er den Pionieren nicht beigetreten. Auch der Jugendweihe, die seine gleichaltrigen Klassenkameraden vor einigen Monaten gefeiert hatten, war er ferngeblieben.

Während der Direktor in seiner Ansprache über Ernst Thälmann weit ausholte, musste Benedikt immer noch auf seinem Platz stehen bleiben, den Blicken aller ausgesetzt. Ein Knistern in der Luft ließ ihn ahnen, dass niemand aus dem Lehrerkollegium oder von seinen Mitschülern hinter ihm stand. Im Gegenteil: Sie fielen ihm mit ihrem verstohlenen Grinsen in den Rücken. Er spürte die spitzen Blicke, die sich wie Messerstiche von hinten ins Fleisch bohrten. Er trug nicht das schützende blaue Hemd der FDJ, sondern seine normale Kleidung. Aber damit entsprach er nicht der Norm. Er war eben nicht normal, sondern ein Sonderling, ein Außenseiter. Und das war verdammt schwer. Man zahlt einen hohen Preis, wenn man anders ist als die andern.

Oft hatte er damit gehadert, hatte seinen Eltern Vorwürfe gemacht, dass sie ihn so anders erzogen.

Warum musste er jeden Sonntagmorgen mit seiner Oma in die Kirche von St. Martin in Leipzig-Grünau gehen, während die anderen ausschliefen oder Sport trieben? Warum musste er mittwochs zum Religionsunterricht ins Pfarrhaus? Weshalb nur hatten ihm seine Eltern diesen komischen frommen Namen gegeben, mit dem er oft verspottet wurde. Wenn er etwa in der Pause seine mit Ziehwurst bestrichenen Brote hervorzog und die anderen riefen: ‚Benedikt – heut' sind deine Bemmen dick!' Warum konnte er nicht so sein wie die anderen, angepasst, stromlinienförmig, ein Mitläufer, grau in grau – oder meinetwegen auch im blauen Hemd? Und jetzt fühlte er sich unendlich bloßgestellt und blamiert. Am liebsten hätte er sich in ein Mauseloch verkrochen. Sosehr seine Augen den Boden auch absuchten, er fand keinen Ausschlupf aus seiner misslichen Lage.

Immer noch dröhnte die Stimme des Direktors durch die Aula. Da fiel Benedikt plötzlich etwas ein. Die Geschichte vom Grübchen. Nein, er musste nicht mit gesenktem Kopf vor dem Direktor stehen. Er musste sich nicht wie ein übergossener Pudel fühlen, wie ein auf frischer Tat ertappter Dieb. Er war eben anders als die anderen. Dieser Gedanke hatte auch etwas Trotziges. Ein leiser Stolz stieg in ihm auf: Ja, er hieß Benedikt und er war Christ. Mehr noch: Er hatte einen geheimen Namen, den niemand verspotten konnte.

Bei diesen Gedanken richtete sich Benedikt innerlich und äußerlich auf. Er stand strammer und gerader da als die Kameraden, die hinter ihm angetreten waren. Beim Gedanken an den geheimen Namen, den ein Engel ihm zugeflüstert hatte, legte er unwillkürlich den rechten Zeigefinger über seinen Mund.

Irritiert unterbrach der Direktor seine Rede.

„Was soll das?", schrie er verärgert. „Willst du mir andeuten, dass ich den Mund halten soll?"

Jetzt erst nahm Benedikt die Geste seines Fingers wahr. Er schmunzelte und ließ seine Hand langsam nach unten gleiten.

„Es hat mich nur etwas gejuckt."

Der Direktor war immer noch aus der Fassung.

„Zurücktreten!"

Benedikt reagierte nicht.

„Hörst du schlecht? Ich sagte: Zurücktreten!"

Benedikt hielt dem vernichtenden Blick des Direktors stand. Eine Sekunde, zwei, noch eine. Dann drehte er sich ganz langsam um und ging mit erhobenem Kopf in die Reihe seiner Klassenkameraden zurück, die alle gebannt auf ihn schauten. In manchen Blicken lag ein Hauch von Bewunderung.

„Ihre Papiere!"

Der Ton war rüde und grob.

Benedikt kramte in seiner Jackentasche und zog den Personalausweis hervor.

„Benedikt Scholz", nickte einer der beiden Männer, die leichte graue Mäntel trugen. Es war ein windiger Sonntagnachmittag im Oktober und Benedikt war von seinem Spaziergang am Kulkwitzer See ins Neubauviertel von Grünau zurückgekommen. Er hatte die zwei Männer gar nicht bemerkt, die ihn jetzt aufforderten, ihnen zu folgen.

„Staatssicherheit!"

In der Einfahrt zur 97. Polytechnischen Oberschule „Houari Boumediène" stand ein graues Transportfahrzeug, im hinteren Teil ohne Fenster. Am Sonntag lagen Schulhof und Einfahrt wie ausgestorben da. Benedikt sah sich noch einmal um, bevor er in das Fahrzeug einstieg. Niemand war in der Nähe. Ein Windstoß jagte noch ein buntes Herbstblatt ins Innere des Fahrzeugs. Sekunden später wurde die Tür von außen mit einem lauten Knall geschlossen. Benedikt saß in einer dunklen, engen Zelle. Er hörte, wie der Motor angelassen wurde, und versuchte, sich die Strecke vorzustellen, die das Stasi-Auto zurücklegte. Doch nach den ersten Kurven verlor er jede Orientierung.

Als er wieder ausstieg, hob er schnell den Kopf und warf einen Blick auf die Umgebung. Er wusste sofort, wo er war. Das graue Verwaltungsgebäude, die Mauer mit dem Tor und auf der anderen Seite ein paar bekannte Dachlandschaften der Leipziger Innenstadt. Nun war er in der Höhle des Löwen. Er hatte immer wieder damit gerechnet, die Stasi-Zentrale durch ihren berühmten Eingang an der „Runden Ecke" betreten zu müssen. Jetzt kam er von hinten, durch den Innenhof in das berüchtigte Gebäude.

Er folgte der Aufforderung der beiden Männer in ihren leichten Mänteln und betrat hinter ihnen einen langen, hell erleuchteten Flur. Dort herrschte reger Betrieb. Angehörige der Staatssicherheit liefen in Uniform von rechts nach links und umgekehrt, Aktenordner oder Papierbündel unter den Armen.

Benedikt konnte sich einer Bemerkung nicht enthalten.

„Alle Achtung! Bei so viel Sonntagsarbeit und Produktivität, da muss es unserem Land ja bald wieder ..."

Der größere der beiden Männer unterbrach ihn: „Nur nicht frech werden! Hier reden Sie nur, wenn Sie gefragt werden."

Benedikt schluckte und biss sich auf die Zunge. Warum habe ich nur den Mund nicht gehalten, ärgerte er sich über sich selber. Doch dann beruhigte er sich wieder: Sie können mir nichts, sie können mir nichts ...

Das Büro war klein und stickig. Die gelben Vorhänge waren vor das Fenster gezogen und dämpften das Licht des späten Nachmittags. Die beiden Männer hatten ihre Mäntel abgelegt und hinter einem wuchtigen Schreibtisch Platz genommen. Sie zündeten sich beide eine Zigarette an und zogen genüsslich daran.

Benedikt hatte auf einem unbequemen Stuhl Platz genommen und schaute abwechselnd von einem der beiden Männer zum andern.

Endlich begann der kleinere mit dem Verhör.

„Kennen Sie die Wohnung in der Hohen Straße 17, 3. Etage?“

Benedikt verzog keine Miene und versuchte, absolut ruhig zu bleiben.

„Nein.“

„Nein?“, fragte der größere, der einen Schnauzbart trug, zurück. „Dann will ich Ihnen diese Wohnung ein bisschen beschreiben. Wenn man sie betritt, so öffnet sich nach links eine Tür zu einem Schlafzimmer. Ach ja, eine Frau namens Monika Gellwein wohnt dort. Sie müssten das Bett eigentlich kennen. Was uns interessiert, ist allerdings weniger das, was auf der Matratze passiert, sondern eher was unter ihr versteckt ist.“

Benedikt war es, als würde sich der Boden unter ihm öffnen. In seinem Kopf wirbelten die Gedanken wie Blätter im Herbststurm durcheinander. Wo war oben und unten? Unter der Matratze, ja da lagen zwei SPIEGEL-Ausgaben mit Artikeln über Gorbatschow, Honnecker, den Ansturm von DDR-Flüchtlingen auf die Prager Botschaft. Verbotenes Material, ihm von einem Freund zugespielt.

Die beiden Männer hinter dem schweren Tisch weideten sich am verwirrten Gesichtsausdruck Benedikts. Es schien, als würden sie genüsslich die Schweißtropfen zählen, die jetzt auf seiner Stirn erschienen.

Der Mann mit dem Schnauzbart fuhr fort.

„Na ja, Sie waren ja nur zwei Mal in der Hohen Straße 17. So was kann man ja auch vergessen. Sonst treffen Sie sich lieber im Wildpark. Und das nicht zu selten. Auch kein schlechter Ort, um zu ...“

Lächelnd zogen die beiden an ihren Zigaretten.

Benedikt erschrak doppelt: Was sie alles wissen! Und von wem sie es wohl wissen! Panik stieg in ihm auf. Sein Gehirn arbeitete fieberhaft. Wer könnte ihn beobachtet, verraten haben ... Sollte sogar Monika? Undenkbar!

Ungerührt von den Fieberschüben Benedikts fuhr der kleinere der beiden Männer fort. „Bei der Vorbereitung zum sogenannten Friedensgebet in der Nicolaikirche, vorletzte Woche, da wurde eine Formulierung für ein sogenanntes Gebet vorgeschlagen, das eine Herabwürdigung unserer Regierung beabsichtigte. Glücklicherweise war der Pfarrer klüger als Sie und hat die Formulierung abgebogen.“

Benedikt blieb schier das Herz stehen. Die Diskussion, welche die beiden Männer anscheinend bis ins Detail kannten, hatte im kleinsten Kreis stattgefunden. Woher wussten sie ... Und was wussten sie noch alles ...

Benedikt spürte, wie sein Stuhl von Sekunde zu Sekunde noch unbequemer wurde.

Die beiden Männer hinter dem schweren Tisch hatten sich inzwischen schon ihre fünfte Zigarette angezündet und genossen ihren Triumph. Sie schienen einen Faden in der Hand zu haben, an dem sie immer weiter ziehen konnten. Und Benedikt kam sich vor, als würde ihm zuerst sein Pullover aufgezogen, dann sein Hemd, seine Hose ... Mit jedem Satz der beiden Allwissenden kam er sich nackter vor. Wie ausgezogen und entblößt saß er da.

„Was wollen Sie von mir?“, entfuhr es ihm in höchster Not.

„Nicht viel ...“, lächelte der größere der beiden kühl. „Morgen ist Montag, der 9. Oktober.“

Benedikt schaute verwundert auf.

„In den letzten Wochen haben Sie viel Propaganda für die sogenannten Montagsgebete gemacht. Es ist ihnen gelungen, eine ziemliche Anzahl von Arbeitskollegen Ihres Kombinats zur Teilnahme an dieser subversiven Veranstaltung zu verführen. Wir erwarten von Ihnen, dass Sie dafür sorgen, dass morgen kein einziger Kollege zur Nicolaikirche geht. Und Sie natürlich auch nicht. Unsere Gegenleistung: Wir werden die vielen kleinen Geschichten, die wir Ihnen soeben erzählt haben, vergessen.“

Wie betäubt stand Benedikt vor dem Hoftor, das sich leise hinter ihm geschlossen hatte. Die letzten Worte klangen ihm noch im Ohr: „... die vielen kleinen Geschichten".

„Sie wissen alles! Sie wissen alles!", flüsterte Benedikt halblaut vor sich hin.

Dann schaute er sich ängstlich um. Er war allein. War er es wirklich?

Ohne nachzudenken, wie im Halbschlaf, irrte Benedikt durch die Gassen und Straßen der Innenstadt. Der Markt war belebt. Doch Benedikt fühlte sich unwohl. Wem von den Menschen hier konnte man denn noch trauen?

Am Eingang zur Nicolaikirche hielt er inne. Warum war er hierhergelaufen? Ein Schild mit einer Aufschrift, die ihm seit vielen Monaten vertraut war: „Nicolaikirche – offen für alle".

Mit unsicheren Schritten betrat Benedikt die Kirche. Immer noch dröhnte sein Kopf. Erschöpft setzte er sich auf eine der weißen Kirchenbänke und schloss die Augen. Bilder stiegen in ihm auf. Jahrelang hatte er an den Friedensgebeten teilgenommen. Oft waren sie nur ganz wenige gewesen. Und dann in den letzten Monaten die Massen, die montags in die Kirche drängten. Vor drei Wochen die erste Demonstration auf dem Ring. Es würde sich etwas bewegen, so hatten er und viele andere gehofft. Aber jetzt stand er unter Schock. „Sie wissen alles!", flüsterte er wieder. „Sie werden alles unterbinden."

Benedikt öffnete die Augen und schaute nach vorn, in den Altarraum. Sein Blick wanderte nach oben. Wie oft hatte er in dieser Kirche gebetet, gesungen, sich mit anderen ausgetauscht. Jetzt fiel ihm etwas auf, das er noch nie so wahrgenommen hatte. Hoch über dem Altar war auf einem Gemälde ein Engel abgebildet. Ein Engel mit einer Friedenspalme in der Hand.

„Der Engel!", kam es Benedikt über die Lippen.

„Sie wissen nicht alles! Sie kennen meinen Namen, der im Ausweis steht: Benedikt Scholz. Meinen geheimen Namen jedoch, den kennen sie nicht!"

Ruckartig stand Benedikt auf und betrat den Chorraum. In vielen Kirchen war das verboten oder unerwünscht. In der Nicolaikirche hingegen lud ein Schild ausdrücklich dazu ein.

Benedikt schaute nach oben, zum Engel mit der Friedenspalme. Auf dem Altar unten lag eine aufgeschlagene Bibel. Benedikt blätterte. Er suchte einen Satz, der irgendwo im Buch der Geheimen Offenbarung stehen musste. Als er ihn endlich gefunden hatte, nahm er das Buch, drehte sich zum Kirchenschiff hin und las den wenigen überraschten Besuchern, die sich zufällig zum Gebet oder zur Besichtigung in der Kirche aufhielten, laut vor:

„Ich werde ihm einen weißen Stein geben, und auf dem Stein steht ein neuer Name, den nur der kennt, der ihn empfängt."

Am Montag, 9. Oktober 1989, 17.00 Uhr begann das Friedensgebet in der Nicolaikirche. Benedikt las, wie so oft, eine Fürbitte vor. Draußen vor der Kirche warteten Zehntausende. Darunter zahlreiche Arbeitskollegen aus Benedikts Kombinat. Nach dem Friedensgebet setzte sich die Menge in Bewegung. Man zog über den Ring. Die Atmosphäre war zum Zerreißen gespannt. Von verschiedenen offiziellen Seiten war angekündigt worden, dass man gegen diese Art der Konterrevolution vorgehen werde, wenn nötig mit Waffengewalt. Aber nichts passierte. Zu viele waren gekommen, um ihren Willen zu einer friedlichen Veränderung zum Ausdruck zu bringen. Es war ein Sieg des Volkes über den Staatsapparat. Selbst die allmächtige Stasi war an diesem Abend machtlos. Als Benedikt Schulter an Schulter mit vielen anderen Demonstranten an der „Runden Ecke“ vorbeizog, enthüllte er ein Transparent: „Habt keine Angst! Sie wissen nicht alles!“

engelsgleich

ganz flügel
hintergrundrauschen
einer himmlischen gegenwart

ganz auge
tiefenschärfe
des guten ansehens

ganz ohr
horchposten
für herztöne an der gottesgrenze

ganz mund
polyglotte
gutenachrichtensprecherin

ganz gesicht
leuchtstoff
aus göttlichem licht

Schneekristall

Draußen begann es zu schneien. Sie stand am Fenster und starrte in das diffuse Licht, in dem dicke Flocken wild durcheinanderwirbelten. Gedanken und Erinnerungen jagten durch ihren Kopf und ihr wurde dabei schwindlig. Es war aus. Wieder einmal.

Katja drehte sich um und schaute Mike ins Gesicht. Der zündete sich eine Zigarette an und nahm einen tiefen Zug. Katja war schwindlig zumute.

„Gut ... Wie du willst ... Ich gehe ..."

Drei Jahre hatte sie mit Mike zusammengelebt. In den letzten Monaten war es schwieriger geworden. Sie hatte sich nicht viel dabei gedacht. Jetzt aber wusste sie es: Mike hat eine andere. Ganz cool und lässig hatte er es ihr gesagt. So wie man jemandem mitteilt, dass heute keine Zeitung im Briefkasten war.

Äußerlich blieb Katja gefasst. Mit versteinertem Gesicht hatte sie sich umgedreht und zum Fenster hinausgestarrt. Nur keine Tränen zeigen. Mike sollte sie jetzt nicht weinen sehen.

Katja ging zur Tür.

„Ich suche mir eine Wohnung und dann hole ich meine Sachen."

„Und wo wirst du heute übernachten?"

Die Stimme von Mike klang sachlich und kühl.

„Du brauchst dich um mich nicht zu kümmern! Ich schaff das schon allein."

Mike zuckte die Schultern und drehte sich zum Fenster, während Katja hinausging.

Im Auto war es eisig kalt. Der Wagen sprang sofort an und die Scheibenwischer schoben die Schneeflocken mit einem quietschenden Geräusch beiseite. Katja ließ die Heizlüftung laufen, während sie mit dem Handy bei Birgit anrief.

„Kann ich heute bei dir übernachten?"

„Kein Problem! ... Ist irgendetwas?"

„Mike hat mich rausgeworfen. Er hat eine andere."

„Uff! Ja, komm sofort. Aber fahr vorsichtig!"

Katja ließ den Motor aufheulen und fuhr los. Sie war immer noch fassungslos. Warum musste ihr das passieren – und nicht zum ersten Mal? Dunkle Gefühle stiegen in ihr auf, während sie die Stadtautobahn verließ und auf einer unbeleuchteten Nebenstraße in die Nacht hinausfuhr. Es war fürchterlich, so schnell ausgetauscht zu werden. Schon damals hatte sie schrecklich darunter gelitten, weggestoßen zu werden.

„Wie eine Puppe, die man in die Ecke wirft, wenn man keine Lust mehr hat, mit ihr zu spielen ...", murmelte sie halblaut vor sich hin.

„Ich will nicht von heute auf morgen ausgewechselt werden. Einmalig will ich sein!"

Die Landstraße war schmal und kurvenreich. Die Scheinwerfer der entgegenkommenden Fahrzeuge blendeten. Obwohl Katja sehr aufgewühlt war, versuchte sie, ruhig und aufmerksam zu fahren. Nach einer Kurve geriet sie in das volle Scheinwerferlicht eines Lastwagens, der nicht abgeblendet hatte. Einen Augenblick lang sah Katja nichts als die grellen Lichter, die auf sie zurasten. Sie bremste und versuchte, ihr Auto ganz rechts zu halten. Plötzlich spürte sie, dass sie mit den Rädern der Beifahrerseite bereits von der Straße abgekommen war. Der Lastwagen befand sich nun direkt neben ihr und sie wagte nicht, das Lenkrad nach links zu korrigieren.

Jetzt ging alles ganz schnell. Ein kurzes, heftiges Holpern über einen gepflügten Acker. Dann überschlug sich der Wagen und kam zum Stehen. Oder doch noch nicht. Katja schaute entsetzt auf einen dunklen Schatten, der direkt auf sie zuraste. Ein Baum. Mit einem Schlag wurde Katja nach vorn und dann wieder zurückgerissen. Im selben Moment ein lautes Krachen und Bersten. Dann Stille.

Katja spürte einen stechenden Schmerz im Rücken und öffnete die Augen. Eine große Schneeflocke schwebte sanft auf die Windschutzscheibe. Von der Landstraße drüben leuchtete ein Autoscheinwerfer herüber. In seinem Licht war die wundervolle Struktur des Schneekristalls zu erkennen. „Jede Schneeflocke ist einzigartig. Einmalig schön“, flüsterte Katja wie in Trance. Sie nahm noch wahr, wie der Kristall schmolz. Als der Wassertropfen auf der Scheibe langsam herunterkullerte, schwanden Katja die Sinne.

Noch fiel es Katja sehr schwer, sich im Rollstuhl zu bewegen. Der Chefarzt hatte ihr Hoffnung gemacht, dass sie wahrscheinlich wieder ganz normal laufen werde. Bis dahin bräuchte es viel Geduld und wohl auch ein bisschen Glück.

„Wir haben nicht alles in der Hand. Vieles hängt vom Zufall ab."

Mit diesen Worten hatte er Katja in die Reha-Klinik geschickt.

Auch heute war Birgit wieder gekommen und schob Katjas Rollstuhl über den Bürgersteig zu einem kleinen Café.

„Hat sich Mike gemeldet?"

„Gestern hat er angerufen und gesagt, ich könnte meine Sachen auch noch später aus seiner Wohnung holen."

„Sonst nichts?"

„Nichts!"

Birgit schüttelte stumm den Kopf.

Im Café sah sie in das tieftraurige Gesicht von Katja, die zu erzählen begann.

„Immer wieder denke ich an den Unfall. Das Letzte, woran ich mich erinnere, ist eine Schneeflocke."

„Eine Schneeflocke?"

„Ja! Als mein Wagen gegen den Baum geknallt war, konnte ich im Scheinwerferlicht der Autos, die auf der Straße stehengeblieben waren, auf meiner Windschutzscheibe eine wunderschöne Schneeflocke sehen. Ich habe irgendwo gelesen, dass jeder Schneekristall einzigartig ist. Ganz einmalig. Verstehst du?"

„Noch nicht ganz ..."

„Als ich die Wohnung von Mike verließ, da fühlte ich mich so austauschbar. Und ich spürte den tiefen Wunsch, einmalig zu sein. Gibt es jemanden, für den ich einzigartig bin?"

Birgit reagierte ganz spontan.

„Für mich bist du einmalig und ganz besonders! Du bist meine beste Freundin und es gibt niemanden auf der Welt, den ich für dich eintauschen würde."

„Ich glaube dir das. Aber weißt du, Mike hatte das auch einmal behauptet. Und vorher Thomas ... Ich weiß, dass das bei dir anders ist. Und trotzdem ... Ich möchte nicht nur für dich einmalig sein, sondern insgesamt, für immer. Kannst du das verstehen?"

Birgit nickte. Nach einer langen Pause sagte sie:

„Mir fällt ein Lied ein, das wir in unserer Jugendband in der Kirche gesungen haben: Herr, du kennst mich, kennst mich ganz, du weißt um meinen Weg."

Katja lachte kurz und trocken auf.

„Das ist es ja gerade! Ich kann das nicht mehr glauben. So vieles, was in unserem Leben passiert, ist doch reiner Zufall. Es ist wie bei der Entstehung von Schneekristallen: Sie sind schön, aber nur zufällig geworden. Oder willst du behaupten, dass Gott alles geplant hat? Hat er dann auch meinen Unfall geplant? Oder dass Mike eine andere hat?"

„Es stimmt, vieles ist Zufall. Und trotzdem ... Ich glaube, dass diese Welt Gott nicht gleichgültig ist. Und wenn jeder Mensch für Gott eine Bedeutung hat, dann bist auch du für ihn einzigartig!"

„Das passt doch nicht zusammen. Wenn mein Schicksal von blinden Zufällen bestimmt wird, wie kann man dann behaupten, dass Gott mein Leben in der Hand hat und mich, ausgerechnet mich will?"

„Hm", seufzte Birgit nachdenklich und schwieg. Dann sagte sie mit leiser Stimme:

„Gott überließ die Welt dem Spiel des Zufalls. Und zugleich ist alles, was geschieht, von ihm gewollt. Meine kleine Tochter zum Beispiel. Auch sie ist zufällig geworden. Wir hatten sie nicht geplant. Und auch ihr Aussehen, ihre Augenfarbe, ihr Geschlecht, ihre Eigenschaften, all das verdankt sich vielen Zufällen. Und trotzdem lieben mein Mann und ich sie wie niemanden sonst auf der Welt. Sie ist für uns einmalig. Liebe macht einen Menschen einzigartig. Verstehst du, was ich meine?"

Katja schaute zum Fenster und ihr Blick schien sich in unendlichen Fernen zu verlieren.

„Einzigartig sein. Und von Gott einmalig geliebt werden. Wenn ich daran wieder glauben könnte ..."

Ihr Gesicht entspannte sich und die Sorgenfalten auf ihrer Stirn glätteten sich ein wenig. Draußen begann es zu schneien.

rettungsseil

im tiefen schlamassel
bis zum hals versumpft
in lawinen aus faulschlamm
seelisch versunken

aus der untiefe rufe ich
herr zu dir

ein säugling streckt mir
einen strohhalm entgegen
und kaum zu glauben
der hält

Wer glaubt denn noch an Engel?

Alle nannten sie „Tante Thekla". Mit dem halben Dorf war sie verwandt und die andere Hälfte war von ihr quasi adoptiert. Sie war klein von Gestalt, etwas rundlich und trug altmodische Kleider. Das war ihr gutes Recht, denn sie war ja auch schon fast 70. Aber ihrem Mundwerk merkte man das Alter nicht an. Denn Tante Thekla konnte frisch und lebendig erzählen. Das war auch ein Grund, warum sie als Babysitterin sehr beliebt war. Mit ihren vielen Geschichten konnte sie die Kinder stundenlang fesseln und sie dann schließlich mit einer Gute-Nacht-Geschichte in die Welt der Träume hinübergleiten lassen. Tante Thekla war unverheiratet und kinderlos. So hatte sie viel Zeit und vor allem auch Freude daran, auf Kinder aufzupassen und deren Eltern einen freien Abend zu ermöglichen.

Besonders gern ging sie zu Familie Berberich. Deren kleiner Sohn Luca war mit seinen zehn Jahren schon sehr aufgeweckt und Tante Thekla hatte ihre helle Freude an den Fragen des kleinen Kerls. Da sowohl der Vater als auch die Mutter von Luca berufstätig waren, kam Tante Thekla besonders oft zum Einsatz. Wenn sie mit ihren Geschichten den Jungen in den Schlaf geredet hatte und leise das Zimmer verließ, legte sie noch ein kleines Päckchen Gummibärchen und eine goldene

Feder neben das Bett. Luca wusste sehr gut, was das zu bedeuten hatte. Denn die Adoptiv-Tante erzählte oft von Engeln, die das Leben der Menschen begleiten.

Sosehr Frau und Herr Berberich den Dienst Tante Theklas auch schätzten – die Geschichte mit den Federn war ihnen ein Dorn im Auge. Sie hatten es nicht so mit der Religion und die neue Mode, wieder auf Engel zu fliegen, war ihnen suspekt. Eine Zeitlang hatten sie das Spielchen mit den goldenen Federn geduldet, doch eines Tages wurde es ihnen dann zu bunt. Herr Berberich bat seine Frau, mit Tante Thekla zu reden, sozusagen von Frau zu Frau. Was diese eines Abends auch tat.

„Du weißt, Tante Thekla, dass wir sehr froh sind, dass du so oft auf Luca aufpasst. Und der freut sich immer riesig, wenn du kommst. So können mein Mann und ich beruhigt abends mal ausgehen oder verschiedene Dinge erledigen. Luca erzählt auch immer ganz begeistert von deinen Geschichten und den kleinen Geschenken, die du ihm machst. Doch das mit den goldenen Federn, das finden wir nicht so gut. Wer glaubt denn noch an Engel?"

Theklas Gesicht veränderte sich. Sie schluckte und schaute betreten zu Boden. Frau Berberich bemerkte dies und fuhr in ruhigem Ton fort: „Thekla, ich weiß, dass du eine religiöse Frau bist. Aber wir wollen nicht, dass unser Kind an Engel glaubt."

Thekla nickte.

„Ich verstehe. Ihr dürft jedoch nicht denken, dass

Luca an Engel mit Flügeln und Federn glaubt. Ich versuche ihm schon zu erklären …"

Frau Berberich fiel Tante Thekla ins Wort. „Am besten, du erzählst gar keine Geschichten mehr, in denen Engel vorkommen; und verteile bitte auch keine goldenen Federn mehr im Haus."

Thekla seufzte und im ersten Moment wollte sie sagen, dass sie lieber überhaupt nicht mehr kommen wolle. Dann aber dachte sie an Luca, den sie ins Herz geschlossen hatte. Zum Zeichen der Einwilligung streckte sie Frau Berberich die Hand hin und bemühte sich zu lächeln.

Die Adventszeit nahte und Tante Thekla wollte dem kleinen Luca zum Nikolaustag ein kleines Geschenk machen. Sie musste in mehrere Geschäfte gehen, um endlich keinen Weihnachtsmann, sondern einen echten Schoko-Nikolaus zu finden. Den packte sie zusammen mit anderen Süßigkeiten in eine Tüte, die die Form eines Stiefels hatte. Ganz unten in der Tüte versteckte sie mit verschmitztem Gesicht eine goldene Feder und stellte die Tüte nach dem Babysitterdienst vor Lucas Tür.

Ein paar Abende später war Tante Thekla wieder bei Luca. Doch der wollte heute gar keine Geschichten hören. Er machte ein derart trauriges Gesicht, dass Tante Thekla erschrocken fragte, was denn passiert sei.

„Ach, weißt du, ich bin ganz traurig, Tante Thekla."

„Was ist los mit dir, Luca?"

Tante Thekla hatte im Wohnzimmersessel Platz genommen und schaute auf den Jungen, der ihr gegenüber auf dem Sofa saß und auf die zwei brennenden Kerzen des Adventskranzes schaute.

„Meine Eltern, die ..."

Luca stockte. Tante Thekla fiel die goldene Feder ein, die sie in der Nikolaus-Tüte versteckt hatte, und sie wurde etwas nervös. Hoffentlich habe ich keinen Fehler gemacht, dachte sie bei sich.

„Was ist mit deinen Eltern?"

„Ich mache mir Sorgen."

Tante Thekla horchte auf.

„Was bedrückt dich, mein Kleiner?"

„Ich bin traurig, weil meine Eltern nicht an Engel glauben."

„Wie kommst du denn darauf?"

Luca schaute immer noch auf die beiden brennenden Kerzen und murmelte: „Seit ein paar Wochen legst du keine goldenen Federn mehr zu den Geschenken. Und jetzt fehlt den Geschenken etwas. Sie haben kein Geheimnis mehr."

Thekla schluckte. Der kleine Luca war noch schlauer, als sie bisher gedacht hatte.

„Und dann habe ich vor ein paar Tagen zufällig beobachtet, wie Papa dein Geschenk zum Nikolaustag in der Küche durchsuchte. Ich lief schnell wieder ins Bad, damit er nicht bemerkte, dass ich etwas gesehen hatte. Später fand ich eine goldene Feder im Abfalleimer der Küche."

„Du sollst deine Eltern nicht kontrollieren“, sagte Tante Thekla und versuchte, eine strenge Miene anzunehmen, was ihr nicht recht gelingen wollte. Doch Luca ließ sich nicht beirren.

„Ich finde es schlimm, dass meine Eltern nicht an Engel glauben. Ich weiß ja auch, dass Engel keine Federn haben und nicht wie die Vögel herumfliegen. Aber wenn du zu einem Geschenk eine goldene Feder dazulegst, dann willst du damit ja etwas anderes sagen.“

Tante Thekla war überrascht und stolz zugleich. Ob Luca verstanden hatte, was sie in ihren Geschichten über Engel gesagt hatte?

Der kleine Junge fuhr fort.

„Wir sehen immer nur das Außen. Ich sehe dein Gesicht. Was in dir ist, das kann ich nicht sehen. Manchmal kann ich es erraten.“

„Und was rätst du jetzt?“

„Dass du dich ein bisschen freust, weil ich an Engel glaube.“

„Stimmt. Aber was denkst du über die Engel?“

„Engel können uns innen berühren. Du kannst mir zum Beispiel ein Geschenk geben. Doch dass ich mich wirklich darüber freue, das kannst du nicht machen. Das macht ein Engel.“

Tante Theklas Augen leuchteten, nicht nur wegen des Kerzenlichtes. Luca fuhr fort:

„Die Freude muss geweckt werden. Ganz zart, wie wenn man jemanden mit einer Feder berührt.“

Thekla schaute den kleinen Jungen zustimmend an.

„Du hast völlig recht. Wir können die Freude nicht machen, so wie man auf einen Knopf drückt. Wie Freude in uns entsteht, das ist ein Geheimnis. Ich glaube, dass Freude ein Geschenk Gottes ist. Und darum habe ich dir auch viele Geschichten von den Engeln erzählt. Sie sind so etwas wie Boten der Freude, die unser Herz berühren."

Luca lächelte.

„Die Idee mit den goldenen Federn fand ich super! Deine Geschenke hatten immer ein Geheimnis. Ich habe mich viel mehr über sie gefreut als über andere Geschenke, die irgendwie kälter waren."

Thekla war überglücklich.

„Wenn ich eine Feder dazulegte, dann wünschte ich, dass du dich ganz doll freust. Und ich hoffte, dass der Engel der Freude dich berührt. Das ist das Geheimnis meiner Geschenke."

Luca machte einen verschmitzten Gesichtsausdruck.

„Ich möchte, dass auch meine Eltern an Engel glauben. Vielleicht müssen wir sie irgendwie überraschen. Bald ist Weihnachten. Könnten wir da nicht etwas mit goldenen Federn ..."

Tante Thekla grinste. Sie fand die Idee einfach himmlisch.

Am 24. Dezember fand bei Berberichs die Bescherung schon am Nachmittag statt. Denn Lucas Oma aus der nahen Stadt wollte am Abend noch zu ihren anderen Enkelkindern gehen. Wie im vergangenen Jahr wurde auch Tante Thekla zu Kaffee und Weihnachtsplätzchen eingeladen. Und dann ging es zur Bescherung.

Luca packte die Geschenke, die Oma mitgebracht hatte, und auch alle Päckchen, die seine Eltern und Tante Thekla liebevoll vorbereitet hatten, aus. Doch sein Gesicht blieb ungerührt. Fast lustlos schaute er die Geschenke an und legte sie wieder beiseite.

„Na, freust du dich gar nicht?", fragte Oma überrascht.

„Ach Oma", gab Luca mit trauriger Stimme zurück. „Den Geschenken fehlt etwas. Sie haben kein Geheimnis."

„Kein Geheimnis?", fragte Herr Berberich und schaute mit kritischem Blick Richtung Tante Thekla.

„Kennst du das Geheimnis eines Geschenkes, Oma? Der Engel der Freude muss uns innen berühren, damit wir uns wirklich freuen können."

Oma fragte erstaunt nach: „Und dieser Engel der Freude, der berührt dich heute nicht?"

„Man muss an diesen Engel glauben!"

Nun mischte sich Frau Berberich nervös ein.

„Tante Thekla hat Luca Geschichten von Engeln erzählt, die Geschenke verteilen und eine goldene Feder dazulegen."

Tante Thekla senkte beschämt ihren Blick. Luca korrigierte seine Mutter.

„Nein, das hat Tante Thekla nicht erzählt. Ich wusste immer, von wem die Gummibärchen waren. Aber die Freude können wir nicht machen. Immer wenn etwas geschieht, was wir selber nicht machen können, dann kann man sagen: Ein Engel hat mich berührt. Wenn Tante Thekla eine goldene Feder ...“

Luca unterbrach sich und schaute gebannt zum Fenster hinaus. Auch alle anderen wandten ihren Blick dem Fenster zu. Draußen schwebten direkt vor dem Fenster goldene Federn herab.

Oma und die Eltern von Luca hielten den Atem an. Dann rief Herr Berberich:

„Los, nach draußen, in den Garten!“

Als sich alle vor dem Wohnzimmerfenster versammelt hatten, sahen sie viele goldene Federn auf dem Boden liegen. Plötzlich rief Frau Berberich: „Ein Engel! Dort oben fliegt ein Engel!“

Es war schon etwas dämmerig, aber man konnte hoch droben einen goldenen Engel schweben sehen, den weißen Wolken entgegen, wobei der Engel immer kleiner wurde.

Lucas Eltern schauten sich überrascht an und wussten nicht, was sie sagen sollten. Sie ahnten allerdings sofort, dass es sich hier um ein abgekartetes Spiel handelte.

Tante Thekla konnte sich ein kurzes Grinsen nicht verkneifen. Die Idee von Luca war wirklich Gold wert. Tommy aus dem Nachbarhaus war ein pfiffiger Jugendlicher, den Tante Thekla von Kindesbeinen an sehr gut kannte. Er hatte einen großen Luftballon mit

Gas gefüllt und mit Goldfarbe eingesprüht. Kopf und Flügel aus Stanniolpapier gaben dem Engel ein perfektes Aussehen. Dann musste nur noch eine Tüte mit goldenen Federn befestigt werden, die man mit Hilfe eines Seidenfadens öffnen konnte. Tommy hatte den Luftballon-Engel direkt an der Hauswand aufsteigen und die Federn nach unten schweben lassen.

Luca sammelte ein paar goldene Federn vom Rasen auf und drückte allen eine in die Hand. Oma wusste zwar nicht, was das alles zu bedeuten hatte, aber sie strahlte vor Freude.

Und auch Luca schien überglücklich und sagte: „Jetzt haben unsere Geschenke doch noch ein Geheimnis!"

Dabei blinzelte er Tante Thekla zu.

Frau Berberich war diese verstohlene Geste nicht entgangen.

„Na, ihr beiden! Ihr seid ja die reinsten Unschuldsengel!"

Luca schaute sie mit leuchtenden Augen an:

„Siehst du, Mama! Du glaubst ja doch an Engel!"

nicht zu vergessen

was dir geschenkt wird
das flimmern der sonne
das freundliche auge
die späte rose
nimm sie nicht in besitz

nicht aus zisternen
nur aus quellen
fließt lebendiges wasser
lebe alles als geschenk

in jedem augenblick
dir zugespielt
bleibe unablässig
auf empfang

Friedensengel

Ein lautes Knallen im Feuer zerriss die Stille der Nacht. Funken flogen in die Höhe und vermehrten noch die unzähligen Sterne am nächtlichen Himmel. Die vier Männer, die um die Feuerstelle lagen, reckten gleichzeitig die Köpfe. Dann setzte sich Benjamin auf und rieb sich die Augen. Die anderen drei folgten seinem Beispiel. Das Wachfeuer war niedergebrannt und die Schafe hatten sich näher zu den vier Hirten hin gedrängt. Im flackernden Licht der wenigen noch brennenden Äste hoben sich ihre weißen Felle deutlich vom schwarzen Hintergrund ab. Man hörte ihr lautes Schnaufen und manchmal ein Scharren mit den Hufen. Sonst war alles still.

Efraim stand auf und starrte in die Glut.

„Habt ihr auch den Engel gehört?"

Seine Stimme klang ruhig und fest.

Simon stellte sich neben ihn und warf ein paar trockene Äste ins Feuer. Schnell loderten die Flammen auf und die Schatten von Tieren und Menschen zuckten gespenstisch hin und her.

„Den was? Den Engel?"

„Nun schau nicht so, als ob du noch nie etwas von Engeln gehört hättest!"

Efraims Augen wanderten von Simons Gesicht zum

Nachthimmel empor, wo die glühenden Funken aus dem Feuer wie Sternschnuppen verglimmten.

Simon konnte sich einer spöttischen Bemerkung nicht enthalten.

„Das kommt davon, wenn man beim Schäfchenzählen einschläft. Man träumt dann von Engeln, die im Schlaf reden ..."

Nun mischte sich Benjamin ein.

„Hast du ihn wirklich nicht gehört? Er stand ungefähr da, wo du jetzt stehst. Und er sagte laut und deutlich: Fürchtet euch nicht!"

Manasse nickte zustimmend. Dann begannen sie, sich fest in ihre Schafspelze zu hüllen und Sachen zusammenzupacken.

„Was ist denn in euch gefahren?", schrie Simon auf. „Ich weiß nichts von einem Engel!"

Seine drei jüngeren Brüder blieben seelenruhig.

„Wir sollen nach Betlehem gehen. Dort wurde ein Kind geboren, das den Frieden bringen wird", erklärte Benjamin.

„Du weißt doch, Simon, dass der große König David aus Betlehem stammt. Aber das ist lange her. Es gibt für unser Volk keine Freiheit mehr. Und keine Gerechtigkeit. Mit diesem Kind jedoch soll eine neue, eine gerechte Welt beginnen", beteuerte Manasse.

„Hast du auch den großen Gesang nicht gehört? Ein Lied vom Frieden: Dankt Gott im Himmel, denn er will, dass auf Erden alle Menschen im Frieden leben."

Der älteste der Brüder war völlig verunsichert. Hatte er etwas Wichtiges verschlafen? Oder hatten seine Brüder geträumt? Wie aber konnten sie alle drei so übereinstimmend von einem Traum reden, wo doch normalerweise jeder Mensch etwas anderes träumt?

„Von mir aus! Geht nach Betlehem und sucht nach einem kleinen Kind. Woran wollt ihr denn erkennen, welches das richtige ist? Trägt es eine goldene Kette um den Hals?"

„Du scheinst wirklich nichts gehört zu haben!", murmelte Benjamin. „Wir werden das Kind, das Frieden bringen wird, daran erkennen, dass es in einer Futterkrippe liegt!"

Simon lachte trocken auf.

„In einer Futterkrippe? Wer sollte denn sein Kind in eine Futterkrippe legen? Ihr habt ja eine blühende Phantasie! Wer weiß, was ihr gestern Nacht alles getrunken habt ..."

„Nein, Simon! Der Engel hat das wirklich gesagt."

„Na, dann geht mal schön los und durchstöbert die Futterkrippen von Betlehem."

Die drei Brüder hörten den Spott in Simons Stimme, ließen sich jedoch nicht beirren.

Wenig später schon waren Simons Brüder in die Nacht hinaus verschwunden mit einem Lied auf den Lippen, das er noch nie gehört hatte: „Ehre sei Gott in der Höhe und auf Erden Frieden."

Simon setzte sich ans Feuer und starrte in die Glut. Was ihm seine Brüder erzählt hatten, kam ihm so unglaubwürdig vor. Ob sie sich abgesprochen hatten, um ihm einen Streich zu spielen? Nur zu gut wusste er, dass seine Brüder – weiß Gott – keine Unschuldslämmer waren. Je länger er nachdachte, umso mehr war er davon überzeugt, dass sie diese Geschichte vom Engel nur erfunden hatten, um nach Betlehem zu kommen und dort ins Wirtshaus zu gehen. War er als Ältester zu streng mit ihnen?

Ein Geräusch riss ihn aus seinen Gedanken. Es waren nicht die Schritte seiner Brüder, die leichte Sandalen an den Füßen trugen. Es war das Auftreten schwerer Stiefel. Und die sich da näherten, schlichen nicht heran, sondern kamen laut auf ihn zu. Wahrscheinlich eine Patrouille römischer Soldaten. Die würden sicher ein Lamm beschlagnahmen, vielleicht sogar die ganze Herde. Und einen einzelnen Hirten, den konnte man schnell überwältigen.

„Ich alter Schafskopf! Warum habe ich nur meine Brüder ins Wirtshaus gehen lassen!", fuhr es Simon durch den Kopf. Instinktiv neigte er sich zur Seite, so dass er nun langgestreckt auf dem Boden lag. Dann rollte er sich, so leise er konnte, in die Nacht hinaus.

Keine Sekunde zu früh. Denn schon traten drei dunkle Gestalten in den Lichtkreis des Feuers.

Sie schauten sich um und redeten laut in einer fremden Sprache.

Simon lag nur wenige Meter von ihnen entfernt und rührte sich nicht. Wie oft hatte er schon davon gehört, dass römische Soldaten willkürlich in Häuser eindrangen und plünderten. Oder dass sie Händler und Reisende um ihre Habe brachten. Oder dass sie Hirten überfielen, um sich einen leckeren Braten zu besorgen. Die Römer waren schlimmer als die Wölfe.

Die drei setzten sich ans Feuer, als ob sie die Hirten wären, und schauten schweigend in die Glut. Plötzlich war es ganz still. Von den Schafen war kein einziges Geräusch mehr zu hören. Simon hob vorsichtig den Kopf und schaute hinüber. Die Herde stand eng an eng zusammengedrängt, nah am Feuer. Simon spürte, dass etwas in der Luft lag. Eine Angst ging von den Schafen aus und ihr Hirte wusste, was das zu bedeuten hatte. Wölfe.

Die drei am Feuer rührten sich nicht. Simon schaute angespannt zu den Schafen hinüber. Dann wurde ihm bewusst, dass die Wölfe als Erstes über ihn herfallen könnten. Wütend dachte er bei sich: „Meine Brüder lassen sich süßen Wein durch die Kehle laufen, während mir hier ein Wolf an die Gurgel springt ...“ Er wagte kaum noch zu atmen. Sollte er aufstehen und ans Feuer flüchten? Dann würden ihn die drei römischen Soldaten vielleicht töten. Würde er aber hier liegen bleiben, dann könnte ihm ein Biss in die Kehle ein schnelles Ende bereiten. Und welche Wölfe waren schlimmer? Die in der Nacht draußen oder die am Feuer?

In diesem Augenblick sprangen die drei Männer wie auf Kommando los. Sie warfen eine große Menge von Reisig in die Glut und Sekunden später loderte ein hohes Feuer auf. Zwei der drei Fremden rissen brennende Äste aus dem Feuer und schleuderten sie unter lautem Schreien in die Nacht hinaus. Jetzt würden sich die Wölfe zurückziehen. Simon atmete auf.

Doch da rief einer der Soldaten ein unbekanntes Wort und schaute in die Richtung, in der Simon lag. Im hellen Schein des Feuers war seine Gestalt für die römischen Söldner nun deutlich zu erkennen. Simon schloss die Augen und zitterte am ganzen Körper. Wahrscheinlich hatte jetzt seine letzte Stunde geschlagen. Er hörte, wie harte Stiefelschritte näher kamen, und zog sich zusammen. Simon hielt den Atem an. Doch statt eines Tritts oder Schlags hörte er eine Stimme: „Fürchte dich nicht!"

Simon traute seinen Ohren nicht. Einer der drei sprach anscheinend Aramäisch, wenn auch mit einem starken Akzent.

Noch einmal sagte der Fremde: „Fürchte dich nicht!"

Simon rührte sich nicht. Sollte er den römischen Soldaten wirklich trauen?

„Shalom!", sagte eine andere Stimme. „Frieden!"

Simon öffnete die Augen und schaute nach oben. In der Dunkelheit konnte er die Gesichter der drei Soldaten nur schemenhaft erkennen.

Auch der dritte murmelte jetzt: „Shalom!"

Simon setzte sich auf und einer der drei reichte ihm die Hand, um ihn aufzurichten.

„Hab keine Angst! Wir tun dir nichts. Und die Wölfe sind auch weg!"

Wenig später saß Simon mit den drei Fremden am Feuer. Jetzt sah er ihre Gesichter. Es waren junge Männer, einer mit ganz heller Haut, wie er sie noch nie gesehen hatte. Ein anderer war dunkelhäutig und der dritte von ihnen ganz schwarz.

„Mein Vater ist Hirte", begann der Schwarze in gebrochenem Aramäisch. „Ich weiß, wie man Wölfe vertreibt."

„Wo lebt er?", fragte Simon, dessen Angst wie weggeblasen war.

„In Afrika."

In der Stimme des Fremden lag eine Traurigkeit. Vielleicht dachte er jetzt an seinen Vater und seine Mutter in weiter Ferne.

„Und von wo stammst du?", fragte Simon den Hellhäutigen, der sich am Feuer die Hände wärmte.

„Ich komme aus dem Norden. Man nennt meine Heimat Germanien. Die Römer haben unser Land besetzt. Und ich muss in ihrem Heer Kriegsdienst leisten."

Simon staunte. Die Römer hatten also nicht nur seine Heimat, sondern auch andere Länder besetzt. Und in den römischen Truppen dienten Männer aus fernen Ländern, die vielleicht zum Heeresdienst gezwungen waren. Der Hirte aus Palästina sah nun diese jungen Männer in einem ganz anderen Licht. Es waren Menschen, die sich so wie er nach Freiheit und Gerechtigkeit sehnten.

„Wovon lebt deine Familie?"

„Wir sind Bauern. Der Anbau von Getreide ist im Norden allerdings ein hartes Geschäft."

„Wir leben in einem besseren Klima." Auch der dritte Soldat begann zu erzählen. „Ich stamme aus Mazedonien. Mein Vater ist Winzer."

Simon stand auf und kramte in den Ledertaschen, die am Feuer standen. Er zog eine Flasche Wein hervor, dann ein großes Stück Brot und den Rest einer gebratenen Lammkeule.

„Denkt jetzt an eure Familien daheim und lasst es euch schmecken!", sagte er.

Die drei Fremden griffen dankbar zu und ihre Gesichter leuchteten.

Simon spürte einen tiefen Frieden wie noch nie. Seit die Römer das Land besetzt hatten, lag ein Schatten auf seinen Bewohnern. Am freiesten waren noch die Hirten, die in der Steppe unterwegs waren. Doch auch hier herrschte ständige Angst vor Übergriffen und Willkür. Jetzt aber waren die fremden Soldaten zu Freunden geworden. Man aß und trank miteinander, erzählte von fernen Ländern und Sitten, vom Kampf gegen die Wölfe und von der Schönheit der Frauen. Simon glaubte zu träumen.

Der Dunkelhäutige holte ein kleines Lämmlein, hielt es in seinen Armen und kraulte es.

„Ich hatte die Soldaten für reißende Wölfe gehalten. Aber jetzt liegt das Lamm beim Wolf", dachte Simon und erinnerte sich an alte Erzählungen seines Volkes. Von einem neuen Frieden war da die Rede, den Gott selber schenken will. Und von einem Licht oder einem Feuer, um das herum alle Menschen zu Geschwistern werden.

Simon wollte den dreien das Lämmlein gerne mitgeben, aber sie lehnten ab. Man schüttelte sich beim Aufbruch kräftig die Hände. Ob man sich wiedersehen werde?

„Unsere Garnison wird nach Galiläa verlegt, weil es dort viele Unruhen gibt."

Simon spürte den Schmerz des Abschieds von Freunden, die er – gerade gewonnen – schon wieder verlieren sollte.

„Wir sehen uns!" In seiner Stimme mischten sich Trauer und Hoffnung.

„Ja, irgendwo werden wir uns wiedersehen, in einer besseren Zukunft, in der Frieden herrscht!", bekräftigte der Hellhäutige.

„Shalom!"

Wenig später verloren sich die harten Stiefelschritte im Dunkel der Nacht.

Simon starrte ins Feuer. Warum können wir nicht im Frieden leben? Warum muss es immer Herrschende und Unterdrückte geben? Warum dieser ewige Kampf um Geld und Macht? Wenn doch so viele Gott als Schöpfer verehren, warum können wir uns dann nicht als Brüder und Schwestern verstehen?

Ein Lied riss ihn aus den Träumen. Seine Brüder kamen zurück. Simon stand auf und schaute ihnen entgegen. Am Horizont wurde es hell und es schien, als kämen sie mit dem ersten Licht direkt auf ihn zu.

„Simon, wir haben das Kind gefunden!“

Manasse strahlte. Und Benjamin berichtete: „Ein kleiner Junge, in einer Futterkrippe. Ein Bild des Friedens! Du wirst es nicht glauben!“

Simon nickte.

„Doch, ich glaube es! Irgendwie ist diese Nacht anders als sonst. Vielleicht wird ja doch Friede möglich zwischen den Menschen.“

Die drei Brüder, die jetzt ans Feuer traten, schauten sich erstaunt an. Nach kurzer Stille fragte Efraim: „Ist dir etwa auch ein Engel erschienen, der gesagt hat: Fürchte dich nicht!?“

Simon schaute in die Ferne und erwiderte langsam, ja fast feierlich: „Nicht einer, sondern drei!“

Benjamin lächelte.

„Na ja, um dich zu überzeugen, da reichen drei Brüder nicht aus. Da braucht es schon drei Engel!“

krippe und kreuz

arm geboren
nackt gestorben
dazwischen ein leben
für das reich gottes
in dem die armen selig sind
und der himmel sich öffnet
wenn man nackte bekleidet

krippe und kreuz
aus demselben holz geschnitzt
baumaterial dem zimmermann
für die große himmelsleiter

Die Erfindung des Krippenspiels

Der Winter fiel kälter über Land und Leute her als in anderen Jahren. Auf dem Monte Terminillo glänzte schon seit Wochen der Schnee. An diesem besonderen Morgen leuchtete die Kuppe dieses weithin sichtbaren Berges rosafarben. Doch die Sonnenstrahlen, die bald darauf in das Tal von Rieti hinunterglitten, waren kraftlos. Kaltes Licht, ohne jede Wärme. Dafür wehte der Wind von den Bergketten, die das Tal umrahmten, böig und beißend herab.

Auf der alten Straße, die von Rom her zu den Reatiner Bergen führte, stapften vier Männer durch die klirrende Kälte, in geflickte graubraune Mäntel gehüllt. An den Füßen trugen sie nur Sandalen und das einzige Gepäck, das sie mit sich führten, war ein löchriger Sack, den der Jüngste der Gruppe leicht über dem Rücken trug. Sie kamen aus Rom und wollten noch vor Sonnenuntergang in dem kleinen Städtchen Rieti ankommen. Trotz ihres erbärmlichen Aussehens und des unangenehmen frostigen Windes waren die vier fröhlich. Von Zeit zu Zeit stimmte der Kleinste unter ihnen, dessen Bart schon von manchen Silberfäden durchzogen war, ein Lied an. Alle vier hatten gute, kräftige Männerstimmen und so hallte die stille Schlucht, die ins Tal von Rieti hinabführte, von melodischen Gesängen wider.

Endlich weitete sich der Engpass und die Berge rechts und links der gepflasterten Straße traten immer weiter zurück. Die letzten Sonnenstrahlen dieses Tages ließen ihr gegen die Kälte ohnmächtiges Licht auf die Mauern eines Städtchens fallen, das dem ganzen Tal seinen Namen gab. Die vier Männer beschleunigten ihre Schritte und kamen kurz vor der Dunkelheit am Stadttor von Rieti an. Hier hatten sie Freunde, bei denen sie sich aufwärmen und übernachten konnten. Der Torwächter schien die kleine Gruppe zu kennen und rief erfreut: „Francesco! Schön, dass du wieder hier bist!“

Der kleinste der vier Männer trat auf den Wachmann zu und sprach einen Gruß:

„Pace e bene! – Frieden und alles Gute!“

Wenig später saßen die Männer in ihren geflickten Kutten an einem behaglich knisternden Kaminfeuer, löffelten eine heiße Suppe und wärmten sich von innen und außen.

„Was für ein Unterschied!“, bemerkte Leo. „Vor ein paar Tagen noch waren wir in Rom zu Gast bei Kardinal Ugolini. Die Pracht seines Palastes ließ mir die Augen übergehen. Und dann erst der Glanz am Hof des Papstes ...“

Leo schien noch ganz benommen. Francesco fragte mit ruhiger Stimme: „Und wie fühlst du dich hier, in dieser Hütte mit ihrem nur notdürftig gedeckten Dach?“

Leo errötete, was man dank des Feuerscheins nicht sehen konnte.

„Ach, Francesco, ich weiß, was du sagen willst. Auch die Armut hat einen Glanz. Und es ist ja wahr, dass in den Hütten Frieden herrscht, in den Palästen dagegen ..."

Elias, der in Rom die Kontakte zu den hohen Kirchenfürsten organisiert hatte, reagierte unwillig.

„Francesco, nun lass doch Leo auch mal über die Schönheit des Reichtums staunen! Es ist nicht alles verkehrt, was von Gold erglänzt. Hast nicht du uns gelehrt, dass die ganze Schöpfung eine Gabe Gottes ist?"

Francesco schwieg ein paar Augenblicke und sagte dann nachdenklich: „Ich will die großartigen Bauwerke in Rom nicht kleinreden. Wir dürfen staunen über die Meisterwerke der Kunst. Aber den Frieden Jesu finden wir in der Einfachheit. Denn Jesus hat doch die Armut erwählt, damit wir den wahren Reichtum finden."

„Der wahre Reichtum", murmelte Masseo, „so sagst du immer, das ist die Freundschaft."

Francescos Augen leuchteten nicht nur vom Feuerschein, sondern von innerer Glut.

„Gott ist unser Reichtum. Seine Freundschaft füllt die Leere unseres Herzens aus. Und darum ist er Mensch geworden. Weil er unsere Nähe sucht."

In diesem Augenblick kam Laura mit einem großen, dampfenden Topf aus dem Nebenraum.

„Will noch jemand heißes Wasser trinken?"

Alle vier streckten ihr die Becher entgegen.

„Ich würde euch ja lieber einen feurigen Wein anbieten. Aber die Ernte dieses Jahr war schlecht. Und der Wein ist sehr teuer geworden. Wie gerne würde ich euch auch ein Bett anbieten und nicht nur einen Strohsack ..."

„Mach dir keine Sorgen", entgegnete Francesco. „Wir sind rundum zufrieden."

Doch Laura fuhr fort: „Manchmal träume ich von einem großen Haus – oder einem Palast. Wie wunderbar muss es sein, unter einem richtigen Dach zu leben. Und schöne Kleider zu tragen. Jeden Tag Fleisch zu essen, Wein zu trinken ..."

Bei diesen Worten schüttete sie das heiße Wasser in die Becher und schlurfte wieder in den Nebenraum.

„Siehst du, Francesco", brummte Elias. „Die Armen wissen nicht, dass sie reich sind. Sie leiden an ihrer Lage und strecken im Schlaf die Hände aus nach Gold und Kostbarkeiten. Willst du es ihnen verwehren?"

„Vielleicht haben wir sie zu wenig spüren lassen, wie erfüllend die Armut sein kann. Wenn man nämlich den inneren Reichtum entdeckt. Ist es nicht wunderbar, dass wir Kinder Gottes sind? Ist Gottes Liebe nicht das schönste Geschenk, das man erhalten kann? Braucht es da noch etwas anderes? Doch wie können wir den Armen diese frohe Botschaft weitergeben? Unsere Predigten sind vielleicht zu trocken, zu theoretisch. Es sind Worte, ohne Fleisch ..."

„Das Wort ist Fleisch geworden", warf Leo ein, mit schläfriger Stimme, so wie man etwas auswendig Gelerntes aufsagt, weil man zum Denken schon zu müde ist.

Francesco aber war hellwach.

„In zwei Tagen ist Weihnachten. Das Wort muss Fleisch werden!“

Nicht weit von Rieti, nur wenige Fußstunden in nördlicher Richtung entfernt, liegt das winzige Dörfchen Greccio. Dort wollte Francesco dieses Jahr Weihnachten feiern. Unweit von Greccio ragte eine steile Felswand empor. Am Fuß des Felsens befand sich eine Grotte, deren Eingang durch einen hölzernen Verschlag geschützt war. Dort lagerten die Bauern Stroh und Holz zum Trocknen. Francesco kannte den Ort gut, denn er hatte in diesem Verschlag schon öfter übernachtet. Hierher ließ der kleine Mann in seiner geflickten Kutte all seine Freunde einladen. Er schickte seine drei Gefährten aus, sie sollten nach Rieti, Fonte Colombo, La Foresta, ja bis Poggio Bustone und zu allen umliegenden Gehöften gehen, um die Menschen zu einem ganz besonderen Weihnachtsfest einzuladen. Er selber blieb zurück und rief die Kinder von Greccio zusammen, um eine Überraschung vorzubereiten.

Am Heiligabend war es so weit. Viele Männer, Frauen und Kinder machten sich trotz der Kälte auf den Weg und trafen mit Anbruch der Dunkelheit an der Felswand von Greccio ein. Überall waren Fackeln aufgestellt, in deren Licht sich die Felswand zu bewegen schien wie ein Vorhang im Wind. Francesco begrüßte die Leute auf das herzlichste und stimmte dann ein altes Weihnachtslied an, das die Leute aus voller Kehle mitsangen. Vom Echo der Felswand verstärkt, hallte der Gesang weit in die nächtlichen Wälder hinaus.

Dann brachte Leo ein Buch, das die Leute sofort wiedererkannten. Es war das Evangelienbuch aus ihrer Kirche. Francesco öffnete das Buch und begann mit lauter, klarer Stimme das Weihnachtsevangelium vorzulesen. Bis hierher kannten die Leute die Geschichte. Doch nun passierte etwas völlig Unerwartetes.

Nach den ersten Sätzen, die davon erzählten, dass Maria und Josef nach Betlehem reisten, hielt Francesco inne. Plötzlich kamen aus der Nacht zwei Gestalten, die einen Esel hinter sich herzogen. Man sah sofort, dass es Kinder waren. Doch sie waren wie Erwachsene gekleidet. Der Junge hatte einen Hut auf und das Mädchen ein Kopftuch umgebunden.

Alle Leute hielten den Atem an. Was passierte denn hier? In diese Stille hinein rief das Mädchen: „Ach Josef, ich bin so erschöpft! Da vorn ist eine Herberge. Frage nach, ob wir dort bleiben können."

Die beiden stapften ins Dunkel zurück. Dann hörte man eine mürrische Stimme schimpfen: „Nein! Bei mir ist kein Platz mehr!"

Josef erklärte: „Meine Frau Maria ist hochschwanger. Habt ihr wirklich keine Ecke mehr frei, in der wir die Nacht verbringen könnten?"

Und wieder die Stimme aus der Finsternis: „Hinter

dem Haus, dort am Felsen, habe ich einen alten Schuppen. Meinetwegen könnt ihr dort die Nacht verbringen. Der Ochse im Stall ist alt und friedlich. Er wird sich mit eurem Esel vertragen."

Die beiden Gestalten – Maria und Josef, wie jetzt alle wussten – tauchten wieder im Licht der Fackeln auf und hielten auf den Holzverschlag an der Felswand zu. Maria ging voraus, dann folgte Josef, der den Esel hinter sich herzog. Sie öffneten die Tür und betraten den Stall. Innen war alles mit Fackeln hell ausgeleuchtet. So konnten die Leute aus dem Rieti-Tal sehen, wie Josef den Esel neben dem Ochsen anband.

Hierauf wurde die Tür wieder geschlossen und es trat große Stille ein. Alle standen da und warteten, hofften, beteten. Plötzlich ein Schreien aus dem Stall, in dem Schmerz und Freude zugleich lagen. Die Tür öffnete sich und heraus trat Maria, mit einem Säugling auf dem Arm.

Alle wussten, dass das Mädchen in der Rolle von Maria ein kleines Brüderchen hatte, das erst vor ein paar Tagen zur Welt gekommen war. Aber in dieser Nacht war klar, dass dieser kleine Junge das Jesuskind war.

Maria küsste das Kind, wiegte es auf dem Arm, dann übergab sie es Josef, der es freudig anschaute und streichelte und schließlich an Francesco weiterreichte. Der hielt das Kind hoch, als wolle er es in den klaren Sternenhimmel hineinheben, und rief: „Was ihr dem Kleinsten getan habt, das habt ihr Jesus getan!"

Daraufhin küsste er das Kind und gab es weiter, so dass alle das Jesuskind in den Arm nehmen konnten.

Währenddessen zündete Masseo ein Lagerfeuer an. Jetzt konnte man erkennen, dass um die Feuerstelle herum einige Gestalten lagen, die anscheinend schliefen. Plötzlich traten vier Kinder aus dem Dunkel und stellten sich neben dem Lagerfeuer auf. Sie waren mit einem Gewand aus Sackleinen bekleidet, das im flackernden Schein der Flammen leuchtete, als sei es mit Goldfäden durchwoben. Jedes Kind trug einen Ölzweig in der rechten Hand.

Francesco las aus dem Evangelium die Stelle vor, die von den Engeln erzählte, welche den Hirten erschienen. Eines der Kinder trat nach vorn und sang mit heller Mädchenstimme: „Ehre sei Gott in der Höhe und auf Erden Frieden den Menschen, die ihm das Herz öffnen." Auch die anderen drei, ein Mädchen und zwei Jungen, begannen nun zu singen:

„Glaubt der Botschaft von dem Kind,
durch das wir Kinder Gottes sind,
denn alles, alles ist Geschenk
und wenn man dankbar daran denkt
wird das Allerkleinste schön,
so lobet Gott jetzt in den Höhn,
auf Erden seid zufrieden,
dann wird der Streit vermieden.
Seht: Gott wird heut' ein kleines Kind,
durch das wir Kinder Gottes sind."

Die Kinder sangen so schön wie Nachtigall und Lerche. Nun setzte auch Francesco mit seiner warmen Männerstimme ein und er sang so ergreifend, als wollte er den Vögeln selber predigen.

„Der kleinste Stern, er leuchtet schön!
Im Kleinen darfst du Wunder sehn.
Gott kommt zu uns als winz'ges Kind,
durch das wir Kinder Gottes sind.
Wir sind dem Jesuskinde gleich
und Gottes Liebe macht uns reich!"

Maria und Josef nahmen das Kind wieder in Empfang. Sie waren mit großem Ernst und zugleich Leichtigkeit bei der Sache und kehrten in den Stall zurück. Dort legten sie den Säugling für alle sichtbar in eine Futterkrippe. Inzwischen waren die Kinder, die als Hirten am Feuer gelegen hatten, aufgestanden und zogen zum Stall. Manche trugen einen Hut, andere hielten einen Hirtenstab. Einer hatte sogar ein kleines Lämmchen auf dem Arm, ein anderer spielte auf einer Flöte. An der Krippe angekommen, knieten sie nieder und legten etwas zu dem Kind. Welche Geschenke sie wohl mitgebracht hatten?

Auf einen verstohlenen Wink von Francesco hin standen sie wieder auf, liefen in die Zuschauermenge hinein und suchten ihre Eltern und Geschwister. Auch diesen überreichten sie ein Geschenk, das sie aus einfachsten Materialien selbst gebastelt hatten: ein Armband aus kleinen Schneckenhäusern; aus Holz geschnitzte Schafe, die mit Wollresten beklebt waren; Sterne aus Stroh. Die Familien waren von diesen kleinen Geschenken derart überrascht und berührt, dass manche Frauen und sogar ein paar Männer Tränen in den Augen hatten. Man schloss die Kinder in die Arme, dann die Umstehenden. Menschen, die zerstritten waren, meist wegen eines unbedachten Wortes oder einer unbedeutenden Geldangelegenheit, sie fanden wieder zueinander. Auch Francesco umarmte seine Gefährten, besonders Elia, der wie verwandelt schien. Dann gingen sie gemeinsam durch die Reihen und wünschten allen: „Pace e bene!"

In dieser Nacht ist das Wort Fleisch geworden. Die armen Leute aus dem Rieti-Tal fühlten sich reich beschenkt. Sie spürten, dass Gott mit seiner Liebe in ihre kleine Welt gekommen war. Maria in ihren ärmlichen Bauernkleidern, sie war eine von ihnen. Josef mit seinem geflochtenen Strohhut war einer von ihnen. Das Jesuskind, ein hilfloser Säugling, war einer von ihnen. Dieses Kind hatte ihre eigene Menschlichkeit wieder wach werden lassen: Sie konnten zärtlich sein, streicheln, küssen, umarmen, vergeben, lieben. In den glänzenden Augen ihrer Kinder, die Betlehem nach Greccio gebracht hatten, fanden sie größeren Reichtum als im Glanz von Gold und Silber. In den riesigen Palästen, in denen es um Geld und Macht geht, herrschten Gier und Eifersucht, Neid und Streit. Hier aber, im armen

Stall, hatten sie die wahre Freude gefunden. Hier war Gott mitten unter ihnen Mensch geworden. Hier wohnte jetzt Gott. In dieser Nacht hätte keiner die Hütte von Greccio gegen den Palast des Papstes in Rom eintauschen wollen.

Mit seinem Weihnachtsspiel in Greccio in der Nacht vom 24./25.12.1223 hat Franz von Assisi die Tradition des Krippenspiels erfunden und gilt damit auch als der Begründer des Brauchs, Weihnachtskrippen aufzustellen.

Krippenspiel

das Bühnenbild ein Hinterhof
Ochs und Esel als Komparsen
der Wind souffliert durch die Ritzen
alle sind beteiligt
auch Zuschauen ist Mitspielen
nach kurzer Szene mit romantischem Hirtengeflöte
lautstarker Orchestereinsatz von der Empore her
ein beweglicher Stern zur Beleuchtung
eines Auftritts in orientalischen Gewändern
hinter den Kulissen das Gedröhn
von Soldatenstiefeln taktlos
das Drama der Menschwerdung
aus der Feder eines Ghostwriters
beginnt mit durchkreuzten Plänen
und endet mit einem zerrissenen Vorhang

Rede des Esels von Betlehem an das Jesuskind

Jesus, Maria und Josef! – Oh, Entschuldigung, Herr, ich wollte dich und deine Eltern nicht beleidigen. Was bin ich doch für ein Esel, Herrgottnochmal! Du heiliger Strohsack – nochmals Entschuldigung! Ich bin ganz durcheinander. Ja, ich habe es einfach nicht geblickt. Wie du siehst, schlackere ich jetzt mit der ganzen Länge meiner Ohren. Es ist ja auch nicht so leicht zu verstehen, was hier passiert ist. Und zwar nicht nur für ein Eselshirn. Hier in meinem Stall, noch dazu in meiner Futterkrippe, hätte ich dich, weiß Gott, nicht vermutet.

Wie hätte ich auch darauf kommen sollen? Zuerst habe ich ziemlich gehuft, weil ein paar Hungerleider mir und dem Ochsen den Platz im eh schon zu engen Stall streitig machen. Und dann hat man dich sogar in meine Futterkrippe gelegt. Seit Stunden komme ich nicht mehr an mein Fressen heran. Das hat mir ziemliches Bauchgrimmen bereitet. Kannst du dir vorstellen, wie das ist? Als ob man deiner Mutter eine Giftschlange vor die Vorratskammer legen würde. Und sie käme nicht mehr an Mehl und Milch. Entschuldige bitte den Vergleich mit der Schlange. Aber mir fiel nichts Besseres ein. Mir fällt meist nichts Gescheites ein. Und oft kann ich mir nicht mal meine eigenen Eselsbrücken merken.

Aber gut, da du es bist, will ich meinen Hunger ertragen. Allerdings, wenn du schon mal hier bist, kann ich es mir kaum verkneifen, dir ein paar Fragen zu stellen. Verzeih, dass ich so vorlaut bin. Aber ich bin nun mal ein Esel, ohne höhere Bildung und Verstand, und muss jetzt einfach losreden. Was habt ihr euch da oben eigentlich gedacht, als ihr diese Welt geschaffen habt? Habt ihr euch einen Spaß erlaubt? Mir jedenfalls kommt es oft so vor, als ob ihr mich zum Gespött der Leute erschaffen hättet. Schüttle jetzt nicht den Kopf! Schau mich einfach nur an. Und? Soll das eine Meisterleistung sein, ein Kunstwerk? Eine armselige Kreatur bin ich. Zum Beispiel die Proportionen ... Dabei habt ihr auch Geschöpfe von fast vollendeter Schönheit ersonnen! Ich schiele auf jedes Pferd, dem ich begegne. Gelb vor Neid könnte ich da werden. So viel Eleganz und Anmut! Habt ihr den Esel vielleicht geschaffen, damit das Pferd noch mehr hervorsticht und seine Schönheit umso brillanter zum Vorschein kommt? Schau dir nur mal meine Ohren an. Wie oft werde ich gefragt, warum man mir die Ohren so lang gezogen hat! Eselsohren. Ein spöttischer Ausdruck der Menschen, wenn die Schulkinder ihre Hefte schlampig behandeln und die Ecken der einzelnen Blätter dann hässlich abstehen ...

Und noch etwas muss ich dich fragen: Hattet ihr wirklich keine Farbe mehr in euren Töpfen? Rotkehlchen, Blaumeise, Grünfink, Goldammer, Buntspecht: Alle haben Farbe bekommen. Nur ich bin grau in grau geblieben.

Und wie oft wird mir, dem Grauen der Schöpfung, übel mitgespielt! Mit grauer Farbe wurde bei mir, weiß der Himmel, nicht gespart, dafür jedoch bei den grauen Zellen! Warum wurden wir Esel so einfältig und begriffsstutzig erschaffen? Steckt vielleicht eine gemeine List dahinter? Dass wir einfach so blöd sind, damit man uns alle möglichen Lasten aufladen kann? Wenn wir dann wenigstens ein sanftes Wesen hätten! Aber nein, wir können so stur sein, so sprichwörtlich störrisch – und bekommen dafür eine Tracht Prügel. Wo bleibt da die Gerechtigkeit?

Am schlimmsten aber ist die Stimme. Wenn ich daran denke, wie wunderbar die Nachtigall singen kann! Mich aber verspottet man, wenn ich tagsüber die Stimme erhebe. Den Gesang der Mittags-Nachtigall, so nennen die Menschen mein i-a-Ächzen und halten sich den Bauch vor Lachen. Mir ist nicht zum Lachen zu Mute. Nein, es ist wirklich nicht schön. Ich muss es einfach mal loswerden, Herr! Uns Esel hast du wahrhaftig nicht wunderbar erschaffen. Ehrlich, Herr!

Wie du mich jetzt so anlächelst ... Mir wird ganz warm ums Herz. Kein verächtliches Lachen, wie ich es oft ertragen muss. Nein, ein Lächeln, das mich ganz leicht und gelöst werden lässt. Vielleicht mache ich mir zu viele Gedanken wegen meines Aussehens und meiner Stimme. Vielleicht genügt es ja, dass ich dir gefalle mit meinen überlangen Ohren, der entsetzlichen Stimme, dem sturen Charakter. Oh Herr, das wäre, ja, das wäre einfach wunderbar, das wäre wie Weihnachten!

Was blinzelst du mir da zu? Einer von meiner Rasse wird dir als Reittier dienen? Kein stolzes Pferd, kein hoheitliches Dromedar und kein bis an die Stoßzähne bewaffneter Kriegselefant? Als der Messias willst du auf einem Esel in Jerusalem einziehen? Wo doch sonst nur die Armen, die Frauen und die Kinder auf einem Esel reiten. Das kann doch nicht dein Ernst sein! Oder vielleicht doch ... Du willst dir nicht – hoch zu Ross – die Menschen gefügig machen, sondern du suchst ihre Freundschaft. Klein willst du dich machen, damit die Kleinen zu dir kommen können. Wehrlos kommst du den Menschen entgegen, damit niemand Angst vor dir zu haben braucht. Allmächtiger Gott! Das kann ich wirklich kaum verstehen. Aber kann man deine Liebe überhaupt begreifen? Aus Liebe verzichtest du auf Macht, damit sich die Menschen dir aus Freundschaft, aus Zuneigung, aus innerer Überzeugung anschließen können. Jetzt dämmert mir langsam, warum du hier in meiner Futterstelle liegst und nicht auf einem goldenen Kissen in der waffenstarrenden Burg des Herodes.

Ein Esel wird dich nach Jerusalem tragen ... Ach, Herr, das entschädigt für alles. Wir sind wirklich nicht schön von Gestalt und taugen auch nicht für den Kriegsdienst. Als Reittier für einen Friedensboten aber, dafür sind wir genau die Richtigen. So langsam ahne ich, dass du dir bei unserer Erschaffung doch etwas gedacht hast.

Ach, Herr, du kannst dir nicht vorstellen, wie glücklich ich jetzt bin! Du liegst in meinem Futtertrog. Und mein Hunger danach, anerkannt und geliebt zu sein, ist gestillt. Nur noch eine letzte Frage: Was ist denn mit dem blöden Ochsen da? Verdammt nochmal, wie trifft mich jetzt dein Blick! Ja ... ich verstehe! Auch der Ochse ist dein Geschöpf. Das hatte ich Esel schon wieder vergessen."

SMS zu Weihnachten

ein gutes Erwachen
Josef heiratet seine Traumfrau

die besondere Schwangerschaft
das Kind wählt sich seine Mutter

nach unmenschlicher Zurückweisung
eine tierisch gute Unterkunft

Ochs und Esel
stieren ungläubig in eine Kinderkrippe

auf dem Stroh ungesponnen
liegt ein Goldstück

Hirten lassen das ewige Gemeckere hinter sich
und finden eine kindliche Freude

himmlische Überflieger
singen ein Friedenslied

sterntrunkene Magier
bezaubert von einem Kind

und in diesem Schnee von gestern
finden wir die Spur ins Morgen

Das Kerzenwunder

Kalt und stürmisch war es draußen und der Wind jagte die Schneeflocken über die Straßen. Ein Glück, dass Luzia nicht zur Schule gehen musste, denn es waren Weihnachtsferien. Heute hatte sie einige Kinder aus der Nachbarschaft zum Spielen eingeladen und auch Tanja, die noch in den Kindergarten ging, war gekommen.

Der Vater von Luzia musste heute arbeiten; nur die Mutter war zu Hause. Diese wollte ganz kurz zu einer Nachbarin gehen, um dort ein paar Weihnachtsplätzchen abzugeben.

„Wir spielen Verstecken", sagten die Kinder.

„Ich komme gleich zurück und suche euch dann", rief die Mutter noch aus der offenen Haustür, durch die ein kalter Wind in die Diele pfiff. Es war dämmrig, ja fast dunkel draußen. Kaum war die Mutter weg, sausten die Kinder im ganzen Haus herum, um sich zu verstecken. Doch in diesem Augenblick fiel der Strom aus und es war stockfinster.

Tanja war im Wohnzimmer, wo vor der Weihnachtskrippe noch eine Kerze brannte. Wie gebannt näherte sich Tanja der brennenden Kerze. Ihre Eltern hatten große Angst davor, dass mit Feuer etwas passieren könnte. Daher brannten daheim auf dem Christbaum nur elektrische Kerzen. Auch sonst hatte Tanja keine Erfahrung mit Feuer. Nun stand sie fasziniert vor der Krippe. Die aus Holz geschnitzten Figuren schienen sich im flackernden Kerzenschein zu bewegen. Es kam ihr sogar vor, als würde das Jesuskind lächeln! Plötzlich hörte Tanja draußen im Flur ängstliche Stimmen rufen, denn die anderen Kinder waren völlig im Dunkeln. Vorsichtig nahm Tanja die Kerze in die Hand und ging in den Flur hinaus. Die anderen Kinder kamen erleichtert näher und betraten zusammen mit ihr das Wohnzimmer. Auf dem Christbaum dort steckten ja viele kleine Kerzen, die sie jetzt in die Hand nahmen, um sie anzuzünden.

„Komm, lass mich meine Kerze bei dir anzünden“, bat Luzia.

Tanja wollte nicht. „Nein, nimm mir doch das Feuer bitte nicht weg!“

„Ich nehme es dir nicht weg“, sagte Luzia. „Ich lasse deine Kerze brennen. Ich will nur meine auch anzünden.“

„Also nimmst du mir doch das Licht weg!“

Jetzt erst verstand Luzia: Tanja wusste noch gar nicht, dass man Feuer weitergeben kann.

Sie sagte also zu Tanja: „Hab keine Angst. Auch wenn ich meine Kerze jetzt anzünde, wird deine weiterbrennen. Weißt du, Feuer kann man teilen, ohne dass es weniger wird. Es wird sogar immer mehr.“

„Wirklich?“, fragte Tanja ungläubig.

„Ganz sicher“, antwortete Luzia.

Vorsichtig streckte Tanja Luzia ihre Kerze entgegen. Tatsächlich, jetzt brannten zwei Kerzen. Tanja staunte und ihre Augen leuchteten. Bald waren alle Kerzen auf dem Christbaum angezündet und erhellten das Wohnzimmer mit ihrem warmen Licht. Tanja aber hatte etwas Wunderbares erfahren dürfen: dass es Dinge gibt, die mehr werden, wenn man sie mit anderen teilt.

wunschzettel

in tausend wünschen
endlose jagd
nach hülle und fülle
sein wie gott

der aber
hegt nur
einen wunsch
den menschlichen menschen

einmal hat er sich selbst
diesen wunsch erfüllt
und wartet seitdem
auf nachahmung

Die drei weisen Frauen aus dem Morgenland

Auf der Bühne der Weltgeschichte treten meistens nur Männer auf. Doch was für ein Theater würde es geben, wenn nicht hinter den Kulissen kluge Frauen stünden! Wie oft wären die Männer in Text und Handlung stecken geblieben, gäbe es nicht die verborgenen Souffleusen! Deren bedeutender Beitrag wird von den – meist männlichen – Geschichtsschreibern so gut wie immer unterschlagen. Leider gilt dies auch für die Bibel. Umso wichtiger ist es, endlich einmal den femininen Hintergrund aufzudecken, auf dem die Geschichte der drei Weisen aus dem Morgenland beruht. Unsere Quellen sind ausschließlich mündlicher Art, dafür aber unbezweifelbar.

Dort, wo das Morgenland besonders morgendlich ist, lebten einmal drei kleine Könige: Caspar, Melchior und Balthasar. Später nannte man sie auch die „drei Weisen“. Genau besehen, hatte jeder von ihnen freilich nur ein einziges Mal im Leben weise gehandelt, nämlich bei der Hochzeit. Jeder von ihnen hatte nämlich eine kluge Frau geheiratet.

Die drei kleinen Königreiche grenzten aneinander und waren so winzig, dass Caspar, Melchior und Balthasar nur wenige Minuten brauchten, um sich gegenseitig zu besuchen. Dies taten sie sehr oft und da die Regierungsgeschäfte völlig unbedeutend waren, verbrachten sie ihre Zeit damit, Mokka zu trinken und Wasserpfeife zu rauchen. Den lieben langen Tag über diskutierten, debattierten und deklamierten sie politische Themen, vornehmlich die der großen Reiche in der Ferne. Und da die Nächte in jener Gegend sternenklar sind, saßen sie nach Sonnenuntergang noch lange auf einem Turm und schauten gemeinsam zum Mond. Bisweilen machten sie sich auch über die Sterne tiefsinnige Gedanken. Zum Beispiel: Warum fuhr der Große Wagen immer nur im Kreis herum, anstatt die Milchstraße zu benutzen? Oder sie starrten nächtelang in das Sternbild der Zwillinge und rätselten darüber nach, ob diese eineiig oder zweieiig waren. Eines Nachts indessen beobachteten sie etwas ganz Ungewöhnliches: Zwei Wandersterne näherten sich einander und schienen zu einem einzigen zu verschmelzen.

Caspar lief aufgeregt zu seiner Frau Sara hinunter, die in der Küche damit beschäftigt war, mit einem Wellholz Teig auszurollen und Sternchen auszustechen. „Jupiter und Saturn rasen aufeinander zu. Es kommt zum Krieg der Sterne!“ „Was für ein Unfug“, lächelte Sara und stach einen großen Stern aus. „Jupiter ist der Stern der Könige und der Saturn der Stern des jüdischen Volkes.“ Dann schob sie auf ihrem Backblech die Sterne so zurecht, dass sie die außergewöhnliche Konstellation abbildeten. „Das ist doch sonnenklar! Was du hier siehst, mein lieber Caspar, bedeutet, dass in Palästina ein Königskind geboren wird.“ Caspar schob sich einen Stern aus süßem Teig in den Mund und lief wieder zu seinen Kollegen.

Kurz darauf hörte Sara, wie sich Caspar mit lauter Stimme brüstete: „Ich habe die Lösung gefunden! Was wir gesehen haben, bedeutet, dass in Palästina ein Königskind geboren wird.“ Sara lächelte bei diesen Worten still in sich hinein und schob das Blech mit den Sternen in den heißen Backofen.

Seinen Königskollegen gegenüber erklärte Balthasar mit majestätischem Tonfall: „Wenn ein Königskind geboren wird, dann gibt es sicher eine riesige Geburtstagsparty. Da müssen wir mit von der Partie sein!“ Die beiden waren sofort einverstanden und so begannen die drei Kleinkönige noch in derselben Nacht, große Pläne zu schmieden. Am nächsten Morgen sattelten Caspar, Melchior und Balthasar schon in aller Frühe ihre drei Kamele und bereiteten sich zum Aufbruch vor.

„Habt ihr denn für das Kind auch etwas mitgenommen?“, fragte Sara mütterlich besorgt.

„Für wie einfältig hältst du uns eigentlich?“, tönte Caspar vom hohen Kamel herab.

„Für ziemlich“, flüsterte Sara unhörbar hinter ihrem Gesichtsschleier.

„Ich habe Gold dabei“, brüstete sich Caspar. „Denn am Golde hängt die Macht.“

„Ich habe Weihrauch eingepackt“, erklärte Melchior. „Könige lieben es, sich beweihräuchern zu lassen.“

„Und ich bringe dem Kind Myrrhe“, sagte Balthasar. „Denn Könige werden bei ihrem Tod einbalsamiert, um als Mumien ewig verehrt zu werden. Und nun los!“

Wenig später schon waren die drei in einer Staubwolke verschwunden.

„Oje!“, stöhnte Suba, „was sich da unsere drei Tölpel wieder ausgedacht haben! Jetzt haben sie den Stern gesehen und bleiben dennoch geistig umnachtet.“

Seba pflichtete ihr bei: „Warum verstehen sie die einfachen Dinge nicht? Es ist doch sternenklar: Wenn dieses Kind mit einem himmlischen Zeichen angekündigt wird, dann ist es eben gerade kein König im irdischen Sinn.“

Sara ergänzte nachdenklich: „Einem himmlischen König geht es nicht um Geld und Macht, sondern um die Herzen der Menschen. Ein göttliches Kind will keine Beweihräucherung, sondern Liebe. Und das ewige Leben, das dieses Kind uns bringen will, ist etwas ganz anderes als das Konservieren einer Mumie.“

„Los!“, sagte Suba. „Wir müssen unseren Männern hinterher. Wenn wir nicht aufpassen, werden sie sich im Sand verlaufen.“

Schon packten die drei ihre Reittiere. „Was brauchen wir denn, wenn wir ein neugeborenes Kind besuchen wollen?“, fragte Sara und fügte gleich an: „Ich nehme mein Backzeug und das Wellholz mit. So kann ich Plätzchen für den Geburtstagskaffee backen.“ „Ich nehme meine orientalischen Gewürze mit. Ich werde für die Mutter des Kindes, die sicher sehr geschwächt ist, ein kräftiges Mahl kochen." „Und ich nehme meinen Schminkkoffer mit. Denn darin habe ich wunderbare Salben und Öle für empfindliche Babyhaut."

Nur wenig später überschritten drei Kamele mit geheimnisvoll verhüllten Reitern die Grenze der kleinen Königreiche. Sie folgten den Abdrücken im Sand, die ihre großspurigen Männer hinterlassen hatten. Als sie etwa eine Tagesreise weit in die Wüste geritten waren, sahen sie plötzlich noch andere Spuren. Sara stieg ab, um diese zu untersuchen. „Hier waren acht Reiter, die nach Westen geritten sind. Wir befinden uns in der Gegend, die von Räubern unsicher gemacht wird. Das sieht nicht gut aus."

„Und was ist mit unseren dreien?", fragte Seba.

Sara seufzte. „Nach den Spuren zu urteilen, sind die drei Kamele einfach den Räubern hinterhergeritten. Vor lauter Schauen nach den Sternen sahen sie nicht, was sich direkt vor ihren Füßen abspielte."

Suba ahnte schon, was passiert war: „Dann sind unsere Männer den Räubern direkt in die Arme gelaufen."

So war es. Die Räuber hatten hinter sich am Horizont eine Staubwolke gesehen. Sie mussten sich nur hinter den Dünen verbergen und warten, bis die drei kleinen Könige in die Falle liefen. Das war eine fette Beute: bares Gold, dazu noch Weihrauch und Myrrhe, die man auf dem Basar flüssig machen konnte. Die Räuber feierten am nächtlichen Feuer, während die drei Könige in einem kleinen Zelt ganz unmajestätisch gefesselt lagen. Nach Mitternacht fielen die Räuber in einen tiefen Schlaf. Nur der Wächter vor dem Zelt mit den Gefangenen hielt mit Mühe die Augen offen.

Plötzlich sah er, wie eine leicht bekleidete Frau über eine Wanderdüne spazierte. Hatte ihn das Zwielicht des Halbmondes getäuscht? Er rieb sich die Augen. Oder war das vielleicht sogar die Fata Morgana, von der sein Chef manchmal so geheimnisvoll erzählte? „Ach", sagte der Wächter halblaut vor sich hin, „egal wie die Frau heißt, das ist jetzt genau das Richtige. Ein leichtes Mädchen ... Aber ... ich will sie allein haben." Er weckte also die anderen nicht, sondern schlich zur Düne. Und tatsächlich: Dahinter stand ein winziges Zelt und er sah, wie Fata – oder wie sie auch hieß – ihm zuwinkte und dann dorthinein verschwand. Er huschte zum Zelteingang und streckte den Kopf hinein. In diesem Augenblick sah er tausend und einen Stern. Denn Sara hatte mit ihrem Wellholz zu einem gezielten Schlag ausgeholt. Mit flinken Händen baute sie das Zelt wieder ab und ließ den Wächter im künstlichen Koma liegen.

Währenddessen war Seba mit dem scharfen Küchenmesser und einer großen Pfefferdose zu den acht Kamelen der Räuber geschlichen. Mit geübtem Schnitt durchtrennte sie die Schnüre, an denen sie angepflockt waren. Dann nahm sie die Pfefferdose und schüttete eine ordentliche Dosis scharfen Pfeffer in die Nasenlöcher der Kamele. Die Kamele begannen wie wild zu niesen und weil ihr Geruchssinn betäubt war, liefen sie orientierungslos in die Wüste hinaus. Das laute Niesen und Schnauben der Kamele weckte die Räuber am Feuer. Halb schlaftrunken sahen sie, wie ihre Kamele davonliefen. So schnell sie konnten, stürzten die Räuber in die Nacht hinaus, wo ihre Reittiere aus dem Niesen nicht mehr herauskamen.

Auf diesen günstigen Augenblick hatte Suba nur gewartet. Tief verhüllt huschte sie in das Zelt mit den Gefangenen, schnitt deren Fesseln durch und verschwand wieder. Die drei kleinen Könige krochen vor das Zelt und sahen die verlassene Feuerstelle. Draußen in der Nacht hörte man Männer schreien und Kamele niesen. Schnell eilten die drei ans Feuer, wo ihre Packsättel standen. Caspar schleppte sein Gepäck zu seinem Kamel, das neben dem Zelt angebunden lag. Ebenso taten auch Melchior und Balthasar, wobei Melchior noch den gesamten Weihrauch in die Feuersglut schüttete. Als die drei losritten, hatte sich der Lagerplatz in eine einzige Rauchwolke verwandelt. Hier würden die Räuber, falls sie überhaupt ihre Kamele einholen sollten, weder ihre Sättel noch ihre Waffen finden. So ritten die drei gekrönten Häupter jetzt ganz gemächlich davon, Richtung Westen, wo ihr Stern hell am Himmel stand.

Die Frauen amüsierten sich königlich, folgten ihren Männern aber vorsorglich in sicherer Entfernung und wachten darüber, dass die kleinen Könige keine größeren Dummheiten mehr begingen.

Am nächsten Abend übernachteten die drei Frauen in einer Karawanserei. Im südlichen Innenhof, der den Frauen vorbehalten war, erzählte ihnen die Herbergsmutter, dass heute auch drei Männer aus dem Osten gekommen waren und einen schwer verwundeten Mann mitgebracht hatten. Sie hätten diesen Mann in der Wüste gefunden, wohl ein Opfer von Räubern. Die Fremden hätten sich um die Wunden des Mannes gekümmert und auch dessen Unterkunft bezahlt. Allerdings hätten sie nur ein paar Kupfermünzen bei sich gehabt und daher dem Herbergsvater Myrrhe angeboten, was dieser etwas mürrisch akzeptiert habe. Sara, Seba und Suba schauten sich gegenseitig an und lächelten. An diesem Abend waren sie stolz auf ihre Männer.

Die weitere Reise nach Jerusalem verlief ziemlich ruhig, was dem Umstand zu verdanken war, dass die Frauen wachsam hinter ihren Männern her waren. In der Hauptstadt des jüdischen Reiches angelangt, hatten Caspar & Co. freilich nichts Besseres zu tun, als ihre Wüstenschiffe direkt auf den Palast des Herodes zuzusteuern. Die Frauen waren entsetzt, konnten das Unglück jedoch nicht mehr aufhalten.

„Dumm gelaufen, unsere Männer“, brummte Seba. Denn alle Welt wusste doch, was für ein grausamer Tyrann Herodes war. Dieser Herrscher war ein Sklave seiner Macht. Aus lauter Angst vor möglichen Rivalen hatte er zwei seiner Söhne umbringen lassen. Wie konnten die drei Sternseher nur so blind sein und zu diesem Schreckensherrscher gehen, um ein neugeborenes Königskind zu suchen?

An der Außenmauer der königlichen Burg befand sich ein großes Wasserbecken. Dort fanden sich tagtäglich viele Mägde vom Königshof ein und wuschen die schmutzige Wäsche des Palastes. Hier war zugleich das Sammelbecken für alle Gerüchte aus dem Dunstkreis des Königs. Sara, Seba und Suba mischten sich unter die Frauen und wuschen ihre von der Reise verstaubten Kleider. Doch was mussten sie da alles hören:

„Habt ihr die drei Einfaltspinsel aus dem Osten gesehen? Die drei können nicht ganz sauber sein!“, brummte ein Waschweib. „Als die größten Könige jenseits des Euphrats haben sie sich ausgegeben“, grinste eine Magd. „Und dann haben sie Herodes von der Geburt eines Königskindes erzählt und nicht bemerkt, wie Herodes erst grün, dann gelb und schließlich rot anlief!“ „Sie haben sogar versprochen, ihm den Geburtsort des neuen Königs zu verraten – wie ahnungslos sie doch sind!“ „Herodes wird jeden, der ihm zur Konkurrenz werden könnte, kaltblütig umbringen.“ „Die Gelehrten des Königs haben aus alten Büchern herausgelesen, dass in Betlehem ein König des Friedens geboren wird.“ „Der hat aber Pech gehabt! Herodes lebt vom Krieg! Er wird keinen Friedensfürsten dulden.“ „Morgen Mittag will Herodes noch einen Sektempfang für die Fremden geben. Dann wollen die drei Könige aus dem Osten nach Betlehem reiten.“

Sara, Seba und Suba wussten genug. Sie packten ihre Wäsche ein und wenig später schon waren sie auf dem Weg nach Betlehem, das unweit von Jerusalem liegt. Da sie den Soldaten des Herodes, die am Stadttor von Betlehem Wache schoben, nicht begegnen wollten, nutzten sie kleine Feldwege als Umgehungsstraße, um zu einem Nebentor zu gelangen. Auf den Feldern draußen vor der Stadt hielt Sara inne.

„Hört ihr es auch? Da schreit ein Kind!"

Wenig später standen die drei Frauen aus dem Morgenland vor einer kleinen Hütte unweit der Stadtmauer von Betlehem. Ein junger Mann namens Josef, der Holz gesammelt hatte, war gerade dabei, den alten Backofen vor der Hütte anzuheizen. Drinnen fanden sie seine Frau Maria, die in der Nacht zuvor einen kleinen Jungen geboren hatte. Weil es in diesem armen Stall keinerlei Möbel gab, hatte sie ihr Kind in eine Futterkrippe gelegt. Inmitten größter Armut erzählten die glücklichen Augen der Mutter vom wahren Reichtum. Auch Josef stand eine große Freude ins Gesicht geschrieben. Als Sara, Seba und Suba sahen, mit wie viel Liebe Maria und Josef für das neugeborene Kind sorgten, wussten sie, dass sie am Ziel ihrer Reise angekommen waren. Die Sterne hatten von einem Kind erzählt, mit dem eine neue Herrschaft beginnt. Der Besuch in einem armen Stall wurde zur Sternstunde ihres Lebens. Es war so einleuchtend: Wo Liebe wohnt, dort ist der Anfang einer neuen Welt.

Mit flinken Händen bereitete Sara einen süßen Teig

vor und formte den größten Stern ihres Lebens. Und weil immer noch etwas Teigmasse übrig war, knetete sie noch einen Schweif und schob den Wunderstern in den Backofen. Seba bereitete mit ihren orientalischen Gewürzen ein wohlschmeckendes Mahl vor und Suba salbte die gerötete Haut des kleinen Jungen mit duftenden Ölen ein. So wurde der Neugeborene von einer Frau zum Messias gesalbt.

Draußen stand die Sonne schon tief am Horizont. Suba stellte sich an den Eingang der Hütte und nahm ihren kleinen Spiegel in die Hand. Sie fing die letzten Sonnenstrahlen ein und lenkte sie zur Futterkrippe, in der das Kind lag. Das Licht fiel auf die Händchen des Kindes und sie leuchteten. Das Kind gluckste vor Freude. Dann griff es nach dem Licht und spielte mit ihm.

Am nächsten Tag sollten nun auch die kleinen Könige ankommen. Seit dem frühen Nachmittag stand Suba an der Hütte und spähte Richtung Jerusalem. Endlich tauchten drei Kamelreiter am Horizont auf. Doch wieder mussten die Frauen das Schlimmste befürchten. Denn die drei ritten direkt auf die Burg von Betlehem zu, in denen die Soldaten des Herodes ihr Quartier hatten.

Suba dachte angestrengt nach, wie sie die Männer aus der Ferne noch umlenken konnte. Plötzlich kam ihr eine Idee. Sie nahm den Spiegel aus dem Schminkkoffer. Die Sonne stand schon weit im Westen. Mit ihrem Spiegel ließ sie das Sonnenlicht direkt auf die

Reitergruppe blitzen. Diese blieb auf einmal stehen. Dann bogen die drei Berittenen von der großen Straße ab und hielten auf die Hütte zu, über der sie eine Art von Stern hatten leuchten sehen.

Als die drei Männer den zugigen Stall betraten, waren sie tief berührt. So etwas hatten sie noch nie gesehen: ein neugeborenes Kind in einer Futterkrippe! Und die Eltern so glücklich und zufrieden.

Wie anders hier alles war ...! Vor kurzem noch waren die drei kleinen Könige bei Herodes gewesen, der sich angstbesetzt an seinem Thron festklammerte. Jetzt ging ihnen ein Licht auf: Nicht bei Herodes, sondern hier herrschte Frieden. Sollte also dieses Kind der neugeborene Friedensfürst sein?

Caspar, Melchior und Balthasar nahmen das Kind auf ihre Arme, küssten, wiegten es – und sangen die Lieder ihrer fernen Heimat. Ein wenig traurig öffneten sie ihre Taschen. Caspar schüttelte den leeren Goldbeutel aus. „Wir haben kein Gold mehr, nur den Staub der Reise."

Melchior öffnete seine leere Weihrauchdose. „Ich habe nichts Wohlriechendes mehr zu bieten; nur Schweißgeruch", sagte er beschämt.

Und Balthasar hatte Tränen in den Augen, als er in sein offenes Kästchen starrte. „Ich wollte Myrrhe bringen. Vielleicht aber konnte ein Mann, der schon halb tot war, wieder geheilt werden ..."

Bei diesen Worten hielt er dem Kind das glänzende

Kästchen hin. Doch das Kind griff nicht nach diesem, sondern nach einem Zeigefinger des kleines Königs Balthasar und zog ihn an sein Gesicht, als wollte es sagen: „Das ist das schönste Geschenk: dass du mit deinen Freunden bei mir bist. Das ist mehr wert als Gold. Und besser als Weihrauch ist es doch, wenn Menschen sich gut riechen können. Statt Myrrhe zu bringen, die an Tod und Leid erinnert, habt ihr Mitleid gezeigt. Wäre das nicht der Beginn einer neuen Welt, wenn sich alle Menschen gut leiden können?"

Die drei kleinen Könige sahen auf das Kind, das mit Balthasars Finger spielte. Jetzt verstanden sie die stumme Botschaft ihrer leeren Hände und Gefäße. Und ihre Herzen wurden ganz leise von einem unaussprechlichen Glück erfüllt.

Die Eltern des Kindes luden nun die Fremden zum Abendessen ein. Es duftete nach vertrauten Gewürzen und die Zacken des großen Sterns von Betlehem schmeckten ganz wie daheim.

Sara, Seba und Suba hatten währenddessen hinter dem Bretterverschlag gestanden und gelauscht. Jetzt flüsterte Sara: „Unsere Männer haben ihre Herzen auf dem rechten Fleck."

„Ja, das stimmt", murmelte Seba bewegt.

„Aber keinen hellen Kopf", seufzte Suba. „Wir müssen unbedingt verhindern, dass sie zu Herodes zurückkehren."

Sara nickte. „Ich habe eine Idee."

Mitten in der Nacht wurden die drei Könige wach. Wer hatte sie sanft am Arm berührt? Im Sternenschimmer konnten sie drei weiße, tief verschleierte Gestalten erkennen. Die erste Gestalt deutete auf jeden der drei Könige. Die zweite zeigte Richtung Jerusalem und machte eine verneinende Gebärde. Die dritte Gestalt wies gegen Osten und nickte dazu. Dann verschwanden die drei schleierhaften Gestalten im Dunkel der Nacht.

Am nächsten Morgen hatten die drei Fremden Maria und Josef etwas Ungewöhnliches zu erzählen. „Heute Nacht sind uns im Traum Engel erschienen!"

„Wir sollen nicht nach Jerusalem zurück, sondern nach Osten reisen!"

„Und die Engel sahen fast so aus wie unsere Frauen daheim ..."

Josef, der sich mit Träumen gut auskannte, musste schmunzeln: „Ihr habt Sehnsucht nach euren Frauen. Sie rufen euch schon!"

Caspar, Melchior und Balthasar sattelten ihre Kamele, verabschiedeten sich von Maria, Josef und dem Kind und ritten Richtung Sonnenaufgang. Nach einer langen Tour näherten sie sich endlich wieder der Heimat. Auf der letzten Wegstrecke freilich wurden die kleinen Könige von drei unbekannten Reitern, die sich zum Schutz gegen den Staub das Gesicht ganz verhüllt hatten, überholt.

Als die drei Majestäten wenig später in Caspars Kleinpalast eintraten, fanden sie dort ihre drei Gemahlinnen in der Küche versammelt. Beim Eintreten ihrer Männer legten sich die Frauen sofort den Gesichtsschleier um, ließen sich allerdings sonst nicht unterbrechen. Sara rollte mit dem großen Wellholz Teig aus, um Sternchen auszustechen. Seba hatte die Pfefferdose in der Hand und würzte die Suppe. Und Suba saß vor einem kleinen Spiegel und schminkte sich die Augenlider.

„Typisch Frau", entfuhr es Melchior bei diesem Anblick. „Sie werkeln in der Küche herum oder schminken sich, während wir Männer die größten Abenteuer zu bestehen haben."

„Da sind wir aber gespannt", hüstelte Sara unter ihrem Schleier. Und während die Frauen mit Kochen und Backen beschäftigt waren, begann Balthasar aufzutischen.

„Als Erstes haben wir Räuber ausgeweihräuchert."

„Ooooh", raunten die Frauen wie aus einem Mund. Melchior erzählte voller Stolz: „Jawohl! Wir fanden die ganze Bande an ihrem Lagerfeuer. Die Wache war wohl eingepennt. So konnte ich eine große Prise Weihrauch ins Feuer werfen. Die Räuber wachten auf, ihre Augen tränten und es gab ein fürchterliches Gehuste. Die Kamele liefen davon, als hätten sie Pfeffer im Hintern, und die Räuber hinterher. Und seither ist die Bande in alle Winde zerstreut."

Dann erzählte Caspar, wie er Herodes hinters Licht geführt habe. Er habe ihn ausgehorcht, ohne ihm den wahren Grund ihrer Reise zu erzählen. „Ich sagte ihm, dass wir eine Urlaubsreise machen." Balthasar ergänzte: „Ja, Kamel-Trecking zu den Pyramiden!"

„Hmmmh!", staunten die Frauen.

Balthasar fuhr fort: „Und schlau, wie wir waren, haben wir in Betlehem sofort das Königskind gefunden. Ohne fremde Hilfe. Schließlich sind uns sogar Engel im Traum erschienen!"

„Aaaaah!", riefen die Frauen und Sara tat ganz aufgeregt: „Das ist wirklich die Krönung! Engel sind euch erschienen?"

„Ja", antwortete Melchior mit feierlicher Stimme. „Sie sahen fast so aus wie ihr. Es gab freilich einen Unterschied. Sie haben sich ehrfurchtsvoll vor uns verneigt und voll Bewunderung gesagt: Ihr seid die Weisen aus dem Morgenland!"

Nun hätten sich die drei Frauen beinahe durch ein Lachen verraten. Aber sie beherrschten sich gerade noch. Dafür grinsten sie unter dem Gesichtsschleier voll diebischer Freude. Was den Männern entging.

Vielleicht war das ja der ursprüngliche Sinn des Schleiers: dass die wahrhaft Weisen verborgen bleiben wollen.

Sterndeuter

Sterne wie Samenkörner
an den Himmel gesät
wachsen dem schlaflosen Warten
blühend entgegen

Schau tief in deine Nacht
nur dort findet dich der Stern
der dir heimleuchtet
in den helleren Morgen

Brich das gewohnte Sternenzelt ab
und schlaf unter fremdem Himmel
in dir wohnt das Licht
das immerwegs mit dir zieht

Denn das Antlitz Gottes
steht nicht in den Sternen geschrieben
sondern in den leuchtenden Augen
eines geburtswunden Kindes

Eine heiße Idee

Los! Drei Kohlen ins Rauchfass!"

Luise, als König Melchior verkleidet, grinste.

„Wieso gleich drei? Sonst reichen doch zwei."

Bettina runzelte die Stirn und in ihrem schwarz eingefärbten Gesicht war ein großes Fragezeichen zu lesen.

„Ich will es dir sagen, König Caspar! Letztes Jahr waren wir auch schon hier bei diesem kauzigen Alten, wie heißt er doch gleich wieder? Kunze! Er war so brummig und hat uns an der Haustür abgefertigt, ohne auch nur einen Cent für notleidende Kids herauszurücken."

Der Ärger in Luises Stimme war nicht zu überhören.

„Wenn er schon nicht an die hungernden Kinder denken will, dann soll er wenigstens noch lange an uns denken! Wir klingeln und wenn er die Tür öffnet, dann hältst du gleich das Rauchfass in den Hauseingang. Das wird ihm ziemlich stinken!"

Luise lachte laut auf. Trotz der Kälte waren die drei Jugendlichen schon seit Stunden unterwegs, um als die „Heiligen Drei Könige" in orientalischen Phantasiekostümen von Haus zu Haus zu ziehen und Geld für die Sternsinger-Aktion der Kirche zu sammeln. Den allermeisten Leuten waren sie willkommen, denn jedes Jahr sangen die Jugendlichen am 6. Januar das Lied vom Stern über Betlehem und malten mit Kreide ein Segenszeichen mit der neuen Jahreszahl über die Haustür.

Matthias alias König Balthasar war von Luises Vorschlag nicht sonderlich begeistert. Dennoch legte er mit der Zange drei Kohlen ins Becken und zündete sie an. Caspar schüttete ordentlich Weihrauch darüber und weiße Schwaden stiegen auf.

König Melchior trug den Papierstern voraus, der an einer Stange befestigt war. Hinter ihm lief König Balthasar, eine glitzernde Schatulle in den Händen, in der schon einige dicke Geldscheine lagen. Den Schluss bildete der schwarze König Caspar, der das Weihrauchfass schwenkte.

Herr Kunze wohnte in einer vornehmen Villa am Ende des Dorfes, ein wenig hinter einem kleinen Wäldchen versteckt. Die drei Sternsinger nutzten einen Trampelpfad, der parallel zur Straße direkt zu dem abgelegenen Haus des alten Herrn führte. Sie klingelten und alles lief so ab, wie zu befürchten war.

Herr Kunze öffnete und als er die drei verkleideten Gestalten sah, rief er sofort aus: „Verschwindet hier! Halloween ist vorbei!“

Caspar hielt das Rauchfass in den Eingangsbereich und stotterte: „Wir sind die drei Könige aus dem Morgenland und wollen ...“

Weiter kam er nicht. Denn Kunzes Stimme drohte sich zu überschlagen: „Raus! Haut endlich ab! Und lasst euch nie mehr bei mir blicken!"

Die Tür knallte laut ins Schloss und etwas kleinlaut schlichen die drei gekrönten Häupter wieder zum Trampelpfad.

„Wir hätten mit dem Lied anfangen und ihm nicht die Bude einräuchern sollen."

König Caspars Stimme klang traurig und müde. Die beiden anderen schwiegen. Das war kein schönes Ende der diesjährigen Sternsinger-Aktion.

Ein Auto fuhr auf der Straße, die unweit des Trampelpfads vorbeiführte, und hielt kurz vor der Villa an. Neugierig blieben die drei stehen und schauten über die Büsche hinweg. Zwei Männer stiegen aus dem Fahrzeug, zogen sich schwarze Strumpfmasken über den Kopf und schlichen auf das Grundstück der Villa zu. Die drei verkleideten Könige standen einen Augenblick wie gelähmt.

„Los! Ruf die Polizei!", brachte Melchior endlich hervor.

König Balthasar kramte das Smartphone aus der Tasche und wählte die Notruf-Nummer. Man würde einen Streifenwagen schicken. Doch bis der hier ins Dorf käme, würden einige Minuten vergehen.

„Wenn sie inzwischen dem Alten etwas antun?" Caspars Stimme klang besorgt.

„Wir schleichen hinterher!"

Wenig später waren die drei Könige am Kellereingang der Villa angelangt. Die Tür war anscheinend aufgebrochen worden und stand einen Spalt breit offen.

„Was jetzt?", flüsterte Melchior.

„Mir nach!"

Balthasar legte seine Krone ab und glitt wie eine Katze durch die halb offene Tür. Melchior hinterher. Caspar stellte das Rauchfass ab und betrat ebenfalls den dunklen Keller.

Eine Männerstimme war zu hören: „Ich durchsuche schon mal den Keller!"

Licht wurde angeknipst. Bettina schaute sich panisch um. Direkt neben ihr hingen einige alte Kleidungsstücke, die der Alte wahrscheinlich bei der Gartenarbeit anzog. Bettina schlüpfte dahinter und schloss die Augen. Ihr Sternenmantel war jetzt nicht mehr zu sehen und das schwarz eingefärbte Gesicht war eine ausgezeichnete Tarnung.

Die beiden anderen Sternsinger hatten sich nicht mehr verstecken können, sondern standen starr vor Schreck mitten im Kellergang.

„Wen haben wir denn da?"

Bettina kannte die Stimme schon. Aber da war noch ein leises Klicken zu hören. Hatte der Einbrecher eine Waffe entsichert?

„Halloween ist doch vorbei! Was macht ihr hier unten? Ich wusste gar nicht, dass der Alte Besuch hat. Na, dann kommt mal schön mit nach oben."

Schritte entfernten sich. Bettina atmete leise, aber tief durch. Dann schoss ihr ein Gedanke durch den

Kopf: Wenn die Polizei vorfährt, vielleicht würden die Einbrecher dann nicht nur den Alten, sondern auch ihre Freunde umbringen. Oder als Geisel nehmen.

Ohne nachzudenken, schlich Bettina die Kellertreppe hinauf. Die Tür oben stand offen. Bettina schaute um die Ecke, in den Flur hinein. Am Ende des Flurs lehnte einer der beiden Einbrecher in einer offenen Tür, mit dem Rücken zu ihr. Aus dem Raum war die Stimme des anderen zu hören.

„Setzt euch mal zu eurem Opa oder Onkel auf das Sofa. Und keine falsche Bewegung."

Der Tonfall der Stimme änderte sich.

„Was hast du denn da für ein schönes Kästchen? Stell es auf den Tisch! Und dann wieder zum Sofa. Aber dalli!"

„Oh, schau mal! Geldscheine! Na, das ist ein guter Anfang."

Dann schien sich der Ganove an Herrn Kunze zu wenden: „Raus mit der Sprache! Wo sind Geld und Wertsachen versteckt? Versuche nicht, uns zu verkohlen. Sonst machen wir dir Feuer unterm Hintern!"

Bei den Worten „verkohlen" und „Feuer unterm Hintern" kam Bettina eine heiße Idee. Flink und leise wie ein Wiesel sauste sie zum Kellerausgang. Dort stand das Weihrauchfass. Bettina packte mit der Zange eine glühende Kohle und schlich wieder die Kellertreppe hinauf.

Der Ganove stand immer noch im Türrahmen und schaute nach drinnen. Man hörte Luise weinen. Die

Stimme des anderen Einbrechers drohte: „Wenn du nicht sofort sagst, wo du deine Kohle versteckt hast, werde ich deiner Nichte – oder wer immer das ist – den Arm auskugeln."

Mit drei Schritten war Bettina hinter dem Mann an der Tür, riss ihn am Gürtel und steckte ihm die Kohle hinten in die Hose. Doch der Gauner fuhr blitzschnell herum und packte das Mädchen mit beiden Händen am Sternenmantel.

„Na, wen haben wir denn da? Noch so ein Halloween-Typ! Was spielt ihr denn ..."

Weiter kam der Einbrecher nicht, denn urplötzlich wurde ihm hinten ganz heiß. Er fasste sich mit beiden Händen ans Gesäß, zog eine Hand schreiend wieder zurück und lief unter lautem Gebrüll durch den Flur. Er riss eine Tür auf, dann eine andere. Endlich fand er, was er so heiß gesucht hatte, und verschwand in der Toilette, um den rückwärtigen Brand zu löschen. Wie das im Einzelnen geschah, entzieht sich unseren Blicken, nicht aber unserer Phantasie.

Vom Schreien seines Kollegen alarmiert, fuhr der andere Einbrecher herum und starrte einen Augenblick irritiert in das schwarz angemalte Gesicht von Bettina. Hinter ihm rannten Matthias und Luise vom Sofa auf und versuchten, die seitlich liegende Tür zu erreichen. Der Ganove aber war schnell hinter ihnen her und versuchte, beide zu packen.

Schnell wie der Blitz war Bettina wieder beim Rauchfass und holte die zweite Kohle. Als sie ins

Wohnzimmer zurückkam, lag der Ganove auf den beiden Jugendlichen. Luise schrie vor Schmerz. Mit einem Satz war Bettina über dem Einbrecher und steckte auch ihm eine Kohle hinten in die Hose. Derart hinterrücks überrascht, ließ der Gauner die beiden Sternsinger los und rannte laut schreiend zur Tür hinaus.

Jetzt sah Bettina den alten Herrn Kunze, der kreidebleich auf dem Sofa saß. Sie packte ihn am Arm.

„Nichts wie weg hier!"

Die drei Sternsinger stürzten gemeinsam mit Herrn Kunze die Kellertreppe hinunter. An der Außentür angelangt, nahm Bettina das Rauchfass und wenig später waren alle vier auf dem kleinen Trampelpfad in den Wald hinein verschwunden.

„Immer noch keine Polizei zu sehen!", ächzte Bettina atemlos.

„Dort steht das Auto der Einbrecher!"

Während die anderen sich im Gebüsch verborgen hielten, schaute Bettina zur Villa von Herrn Kunze hinüber. Wahrscheinlich würden die zwei Gauner jeden Moment von dorther auftauchen. Und so war es auch. Laut fluchend kamen die beiden Einbrecher aus dem Haus und rannten auf das Auto zu.

In der Ferne war ein Martinshorn zu hören.

„Schnell weg von hier!", schrie einer der beiden.

Autotüren wurden zugeschlagen und der Motor heulte auf. Das Fahrzeug brauste los, kam jedoch schon in der nächsten Kurve ins Schlingern. Wenig später hatten die Polizisten die beiden Einbrecher gefasst.

Sosehr sich Pfarrer Schrode auch bemühte, ein ernstes Gesicht zu machen, es gelang ihm nicht.

„Na, ihr drei! Da habt ihr etwas falsch verstanden. Paulus schreibt, dass man Menschen, die einem Böses tun, Gutes tun soll. Dadurch würde man glühende Kohlen auf sein Haupt sammeln. Paulus hat das natürlich nicht wörtlich gemeint. Und er schreibt auch nichts davon, dass man glühende Kohlen zu einem anderen Körperteil bringen soll ...“

Die drei Sternsinger und ihr Pfarrer lachten laut auf.

„Ihr wart verdammt mutig!“ In der Stimme von Pfarrer Schrode lag Stolz.

„Die beiden Einbrecher haben bereits einige Raubüberfälle begangen und gelten als ziemlich gefährlich. Jetzt sind sie endlich gefasst und werden einige Jahre sitzen.“

„Am Anfang werden sie wohl noch stehen müssen ...“

Luise hatte wie immer eine freche Bemerkung auf der Zunge. Pfarrer Schrode wiegelte ab.

„Ich habe noch eine Überraschung für euch. Herr Kunze erwartet euch heute Nachmittag zu Kaffee und Kuchen. Ihr sollt als Sternsinger zu ihm kommen und auch das Weihrauchfass mitbringen.“

„Ich kann euch gar nicht sagen, wie dankbar ich euch bin!“ Herr Kunze goss noch einmal Tee und Kaffee nach und bot seinen drei Gästen aus dem Orient Plätzchen und Christstollen an.

„In der Zwischenzeit weiß ich übrigens auch, dass eure Verkleidung nichts mit dem blöden Halloween-Spektakel zu tun hat, mit dem mich die Jugendlichen im Herbst immer nerven. Ihr seid Sternsinger, habe ich mir erklären lassen."

Das war Melchiors Stichwort. Endlich konnte er dem alten Herrn etwas von ihrer Mission erzählen.

„Die drei Weisen kamen aus fernen Ländern zu Jesus nach Betlehem. Dadurch wurde deutlich, dass alle Menschen zu Gott kommen können. Juden und Heiden, Weiße und Farbige, Männer und Frauen, Kinder und alte Leute: Sie alle sind Kinder Gottes. Um das Kind von Betlehem herum entsteht eine neue Familie. Und wenn alle Menschen Schwestern und Brüder sind, dann kann uns das Schicksal der anderen nicht kaltlassen. Daher sammeln wir heute für notleidende Kinder in fernen Ländern." König Balthasar fuhr fort: „Im Evangelium steht, dass die Fremden aus dem Orient dem Kind Geschenke mitgebracht haben: Gold, Weihrauch und Myrrhe. Durch diese drei Geschenke wird schon gesagt, wer Jesus ist. Gold ist die Farbe Gottes, denn Jesus ist der Sohn Gottes. Myrrhe ist so eine Art Salbe für die Einbalsamierung der Toten. Mit dieser Gabe wird auf den Tod und die Auferstehung Jesu hingewiesen. Und der Weihrauch ist im Orient ein Ausdruck der Verehrung. Mit dem Weihrauch zeigen wir, dass Jesus uns etwas bedeutet."

König Caspar schaute den alten Herrn Kunze fragend an. Und als der nickte, zündete er eine Kohle an und legte Weihrauchkörner darauf. Dann stand der schwarze König feierlich auf und schwenkte das Rauchfass.

Herr Kunze hustete und lachte zugleich.

„Was ihr alles wisst! Vielleicht sollte ich doch mal wieder in die Kirche gehen.“

Er hustete noch einmal und zog dann ein geschlossenes Kuvert hervor.

„Also, Weihrauch, das ist nicht mein Fall. Aber für die notleidenden Kinder bekommt ihr von mir jetzt die Kohle ...“

Heilige Nacht

wie viele Lichtjahre schon
ist gute Hoffnung unterwegs

wie viele Sternschnuppen schon
verglühen vor lauter Wünschen

wie viele Frostnächte schon
wartet das Feuer auf Nahrung

einmal aber
jenseits von Mitternacht
holte als Hebamme
ein Kind uns ans Licht

Der spannende Jugendroman (für junge Menschen von 10 bis 14) mit ein wenig Fantasy und viel Abenteuer lenkt neben der Story die Aufmerksamkeit auf wichtige menschliche Eigenschaften: Einfühlsamkeit und Verstehen – und dass das Mitleid im Zentrum des christlichen Glaubens steht.

Andreas Knapp / Melanie Wolfers
In der Unterwelt von Neapel
Ein Abenteuer, das in die Tiefe führt
180 Seiten. Gebunden.
Bonifatius-Verlag Paderborn 2013
ISBN 978-3-89710-545-4

Das Gedicht „adventskalender“ ist entnommen aus:
Andreas Knapp, Höher als der Himmel, Echter Verlag Würzburg,
2. Auflage, S. 24. ISBN 978-3-429-03295-1

Das Gedicht „Sterndeuter“ ist entnommen aus:
Andreas Knapp, Weiter als der Horizont, Echter Verlag Würzburg,
7. Auflage, S. 37. ISBN 978-3-429-02506-9

Von Andreas Knapp sind im Echter Verlag
auch folgende Bände erschienen:

Brennender als Feuer. Geistliche Gedichte
6. Auflage, ISBN 978-3-429-02624-0

Tiefer als das Meer. Gedichte zum Glauben
4. Auflage, ISBN 979-3-429-02772-8

Gedichte auf Leben und Tod
3. Auflage, ISBN 978-3-429-03039-1

Spuren ins Licht (mit Fotos von Barbara Wolfers)
ISBN 978-3-429-03146-6

Ausblick ins Unendliche (mit Fotos von Barbara Wolfers)
ISBN 978-3-439-03571-6

Bibliografische Information der Deutschen Nationalbibliothek

Die Deutsche Nationalbibliothek verzeichnet diese Publikation
in der Deutschen Nationalbibliografie; detaillierte bibliografische
Daten sind im Internet über <http://dnb.d-nb.de> abrufbar.

www.echter-verlag.de

Gestaltung Peter Hellmund

Umschlagbild Thinkstock

Druck und Bindung fgb · freiburger graphische betriebe

ISBN 978-3-429-03636-2 (Print)
ISBN 978-3-429-04738-7 (PDF)
ISBN 978-3-429-06152-4 (ePub)